高等学校"十四五"规划酒店管理
与数字化运营专业新形态系列教材

总主编◎周春林

酒店法规与法律实务

主　编　蒋庆荣　欧阳效升
副主编　宋秀云　冀彩英
　　　　林海玉

JIUDIAN FAGUI
YU FALÜ SHIWU

华中科技大学出版社
http://press.hust.edu.cn
中国·武汉

内容提要

本书是酒店管理与数字化运营专业的法律法规实务教材，主要围绕酒店企业的设立管理、业务运营、人力资源管理等方面进行设计。本书从高职院校专业定位、教学特点和酒店企业实际运营出发，以强化实际应用为教学重点，合理精选教材内容，将全书划分为13个模块，主要包括酒店法导论、酒店行业规范、酒店星级评定制度、酒店与客人的权利和义务、消费者权益保护法律制度、《民法典》法律制度、劳动合同法律制度、劳动法律制度、消防法律制度、食品安全法律制度、酒店治安管理制度、酒店涉外事件的处理、酒店其他相关法律制度等内容。本书以企业实际案例导入课程学习且辅以知识点测试，内容全面系统，贴近企业实际。既满足酒店行业对法律法规条文的应用需求，又满足高职学生的职业发展需要，既体现法律法规条文的严谨性，又突出了高职学生学习特点和规律。

本书内容齐全、结构合理、案例丰富、实用性强，可作为高职院校酒店管理与数字化运营、餐饮管理等专业的教学用书，也可作为旅游类专业的参考用书，亦可作为酒店行业、餐饮行业从业人员的培训教材和参考用书。

图书在版编目(CIP)数据

酒店法规与法律实务 / 蒋庆荣，欧阳效升主编. —武汉：华中科技大学出版社，2024.3
ISBN 978-7-5772-0531-1

Ⅰ. ①酒… Ⅱ. ①蒋… ②欧… Ⅲ. ①饭店-商业经营-法规-中国-高等职业教育-教材
Ⅳ. ①D922.294

中国国家版本馆CIP数据核字(2024)第053490号

酒店法规与法律实务
Jiudian Fagui yu Falü Shiwu

蒋庆荣　欧阳效升　主编

策划编辑：李家乐
责任编辑：阮晓琼　李家乐
封面设计：原色设计
责任校对：刘　竣
责任监印：周治超
出版发行：华中科技大学出版社(中国·武汉)　　电话：(027)81321913
　　　　　武汉市东湖新技术开发区华工科技园　　邮编：430223
录　　排：华中科技大学惠友文印中心
印　　刷：武汉市籍缘印刷厂
开　　本：787mm×1092mm　1/16
印　　张：12.25
字　　数：290千字
版　　次：2024年3月第1版第1次印刷
定　　价：49.90元

2021年，习近平总书记对全国职业教育工作作出重要指示，强调要加快构建现代职业教育体系，培养更多高素质技术技能人才、能工巧匠、大国工匠。同年，教育部对职业教育专业目录进行全面修订，并启动《职业教育专业目录（2021年）》专业简介和专业教学标准的研制工作。

新版专业目录中，高职“酒店管理”专业更名为“酒店管理与数字化运营”专业，更名意味着重大转型。我们必须围绕“数字化运营”的新要求，贯彻党中央、国务院关于加强和改进新形势下大中小学教材建设的意见，落实教育部《职业院校教材管理办法》，联合校社、校企、校校多方力量，依据行业需求和科技发展趋势，根据专业简介和教学标准，梳理酒店管理与数字化运营专业课程，更新课程内容和学习任务，加快立体化、新形态教材开发，服务于数字化、技能型社会建设。

教材体现国家意志和社会主义核心价值观，是解决培养什么样的人、如何培养人以及为谁培养人这一根本问题的重要载体，是教学的基本依据，是培养高质量优秀人才的基本保证。伴随我国高等旅游职业教育的蓬勃发展，教材建设取得了明显成果，教材种类大幅增加，教材质量不断提高，对促进高等旅游职业教育发展起到了积极作用。在2021年首届全国教材建设奖评审中，有400种职业教育与继续教育类教材获奖。其中，旅游大类获一等奖优秀教材3种、二等奖优秀教材11种，高职酒店类获奖教材有3种。当前，酒店职业教育教材同质化、散沙化和内容老化、低水平重复建设现象依然存在，难以适应现代技术、行业发展和教学改革的要求。

在信息化、数字化、智能化叠加的新时代，新形态高职酒店类教材的编写既是一项研究课题，也是一项迫切的现实任务。应根据酒店管理与数字化运营专业人才培养目标准确进行教材定位，按照应用导向、能力导向要求，优化设计教材内容结构，将工学结合、产教融合、科教融合和课程思政等理念融入教材，带入课堂。应面向多元化生源，研究酒店数字化运营的职业特点及人才培养的业务规格，突破传统教材框架，探索高职学生易于接受的学习模式和内容体系，编写体现新时代特色的专业教材。

我们清楚，行业中多数酒店数字化运营的应用范围仅限于前台和营销渠道，部分酒店应用了订单管理系统，但大量散落在各个部门的有关顾客和内部营运的信息数据没有得到有效分析，数字化应用呈现的趋势。高校中懂专业的数字化教师队伍和酒店里懂营运的高级技术人才是行业在数字化管理进程中的最大缺位，是推动酒店专业教育数字化转型面临的最大困难，这方面人才的培养是我们努力的方向。

酒店管理与数字化运营专业教材的编写是一项系统工程，涉及“三教”改革的多个层面，需要多领域高水平协同研发。华中科技大学出版社与南京旅游职业学院、广州市问途信息技术有限公司合作，在全国范围内精心组织编审、编写团队，线下召开酒店管理与数字化运营专业新形态系列教材编写研讨会，线上反复商讨每部教材的框架体例和项目内容，充分听取主编、参编老师和业界专家的意见，在此特向这些参与研讨、提供资料、推荐主编和承担编写任务的各位同仁表示衷心的感谢。

该系列教材力求体现现代酒店专业教育特点和“三教”改革的成果，突出酒店专业特色与数字化运营特点，遵循技术技能人才成长规律，坚持知识传授与技术技能培养并重，强化学生职业素养养成和专业技术积累，将专业精神、职业精神和工匠精神融入教材内容。

期待这套凝聚全国各大旅游院校多位优秀教师和行业精英智慧的教材，能够在培养我国酒店高素质、复合型技术技能人才方面发挥应有的作用，能够为酒店管理与数字化运营专业新形态系列教材协同建设和推广应用探出新路子。

全国旅游职业教育教学指导委员会副主任委员
周春林教授

本书是在习近平总书记提出《坚持走中国特色社会主义法治道路，更好推进中国特色社会主义法治体系建设》的时代背景下，为贯彻落实习近平总书记关于职业教育工作和教材工作的重要指示批示精神，全面贯彻党的教育方针，落实立德树人根本任务，突显职业教育类型特色，结合高职酒店管理与数字化运营专业人才培养需求和酒店行业从业人才需求而编制的。

本书在酒店企业的设立管理、业务运营、人力资源管理等方面引入相关法律法规知识，并进行学习和运用，从而提高酒店行业守法经营意识、高职酒店管理与数字化运营专业学生和酒店从业人员的法律意识和法律法规知识，提升酒店从业人员"遵法、学法、守法、用法"的能力。本书本着"实用性、科学性、先进性、严谨性、兼容性"的原则，结合"酒店管理与数字化运营"专业目录更改提出的教育教学改革要求，开展适合模块化、结构化的专业课程教学要求的新形态教材，对接行业岗位需求，融入岗课赛证、案例分析、知识测试、知识应用等多元化模块，突出适度、应用，在秉承德育为先、学以致用的基本原则下，力求帮助学生和从业人员做到强化法律意识，提高能力素质，突出创新意识，提升学生分析、解决问题的能力。

首先，本书为校企合作开发教材，内容全面丰富，系统性、知识性、适用性、实用性强，本书针对高职学生学习需求和酒店行业发展需求，对酒店运营过程中涉及的法律和法规进行了全面系统的介绍。

其次，本书整体设计内容丰富，通过企业调研，选取企业运营中的经典案例开展模块化建设，内容实战性强，既突出法律条文的严谨性，又抓住现实经营中的鲜活性，一定程度上提升了教学的趣味性。

最后，教材形式新颖、灵活，每个模块都设置明确的学习目标、关键概念、案例导入、知识链接、知识点测试、项目小结等，并配备教学资源等，开发数字化资源建设的同时，融入课程思政，将知识、能力与正确价值观相融合，确保落实立德树人的根本任务。

本书聚集了多位教学一线的专业教师和企业专家，是校企合作教学团队多年实践和研究成果的积累。本书由珠海城市职业技术学院蒋庆荣老师和欧阳效升老师担任主编，其中蒋庆荣老师负责教材的总体框架设计和全书终审，并参与编写了项目一、十二；宋秀云老师编写了项目一、二、三、四、十二并负责全书的统稿工作；欧阳效升老师编写了项目九、十、十一；冀彩英老师编写了项目五、八、十三；林海玉老师负责编写项目六、七。在编写过程中特别感谢珠海度假村酒店、珠海新骏景万豪酒店、珠海华发喜来登酒店、珠海瑞吉酒店、珠海海湾大酒店、珠海中海万丽酒店等校企合作企业的大力支持和配合。

编者在本书编写过程中查阅了大量的相关著作及资料，吸收并采纳了其中的部分观点和研究成果，谨向原作者和相关人士表示衷心感谢。此外，由于作者水平有限，本书难免有疏漏和欠妥之处，恳请各位专家和读者批评指正！

编　者

目录
MULU

Note

Note

项目一
酒店法导论

学习目标

知识目标

1. 了解酒店法的概念及调整对象；
2. 了解酒店法与酒店法学的区别；
3. 了解酒店法的形成；
4. 掌握酒店法的基本内容、原则与作用；
5. 掌握酒店法律关系。

能力目标

1. 能妥善处理客人拖欠酒店费用的情况；
2. 能妥善处理客人赔偿酒店损失的事宜；
3. 能依据酒店法内容提供相应业务及服务；
4. 能规范应对酒店经营中所涉及的相关法律关系。

素质目标

1. 使学生具备良好的服务意识；
2. 使学生具备较好的交流沟通能力；
3. 使学生具备法律意识和法律思维。

关键概念

酒店　酒店法　酒店法学　酒店法律关系　酒店法律关系主体　酒店法律关系客体　法律事实　违约责任　行政责任　侵权责任　刑事责任

案例导入

某日，陈某与两位朋友入住某酒店，并将车辆停在该酒店的停车场。次日早上，陈某发现车窗被砸、车中财物被盗，而车辆停放地正好在监控盲区。陈某向酒店索赔未果，即诉至法院，请求判令酒店赔偿车辆修复损失4000元、被盗现金15000元、其他物品损失1700元。陈某提交了车辆修复发票、证明车辆存有现金15000元的两位朋友的证言、购买其他物品的发票。陈某认为酒店应对住客车辆及财物负安全保障义务；酒店认为，酒店为旅客提供免费车辆保管服务，且在停车场提示车主贵重物品应随身携带，因而不同意赔偿陈某的损失。

思考：1. 该案件中涉及酒店和入住客人的哪些权利和义务？

2. 你认为该案件该如何判决？涉及哪些法律条文？

任务一　了解酒店法的相关概念及调整对象

一、有关酒店相关概念的界定

（一）国内有关酒店的概念

1.《绿色饭店》GB/T 21084—2007 国家标准

饭店（Hotel）是向消费者提供住宿、饮食以及相关综合服务的企业。包括酒店、宾馆、旅店、旅馆、度假村、招待所、培训中心等。

绿色饭店（Green Hotel）是在规划、建设和经营过程中，坚持以节约资源、保护环境、安全健康为理念，以科学的设计和有效的管理、技术措施为手段，以资源效率最大化、环境影响最小化为目标，为消费者提供安全、健康服务的饭店。

2.《旅游饭店星级的划分与评定》GB/T 14308—2010 国家标准

旅游饭店（Tourist Hotel）是以间（套）夜为单位出租客房，以住宿服务为主，并提供商务、会议、休闲、度假等相应服务的住宿设施，按不同习惯可能也被称为宾馆、酒店、旅馆、旅社、宾舍、度假村、俱乐部、大厦、中心等。

3. 新华字典

饭店指较大而设备好的旅馆。

（二）国外有关酒店的概念

1.《不列颠百科全书》

饭店是在商业性的基础上向公共提供住宿，也往往提供膳食的建筑物。

2.《美国百科全书》

饭店是设备好的公共住宿设施，它一般都提供膳食、酒类、饮料与其他所需要的服务。

3.《韦伯斯特新世界辞典》

饭店是提供住宿，也经常提供膳食与某些其他服务的设施，以接待外出旅游者和半永久性居住的人。

综上所述，现代酒店有许多不同的称谓，如饭店、宾馆、旅馆、旅社、宾舍、度假村、俱

乐部、大厦、中心等。酒店应该具备如下条件：

一是经政府批准的合法的建筑物；

二是具备一定的住宿设施；

三是能够为公众提供一定的住宿、餐饮及其他相关服务；

四是具有营利性质。

二、酒店法的概念

酒店法如其他法律一样，也具有广义和狭义之分。本书主要讲的是广义的酒店法。

广义的酒店法是指规定酒店成立、经营过程中一切权利义务关系法律规范的总称，即是调整酒店活动领域中各种社会关系的法律规范的总称。由此可见，广义的酒店法是一系列法律规范的总和，而不是单一的法律或法规。这些法律规范既包括国家有关部门制定的有关酒店方面的法律、法规，如《劳动法》等，也包括各省、自治区、直辖市制定的有关酒店方面的地方性法规，还包括我国参加和承认的国际有关公约或规章。

狭义的酒店法是指国家或地区所制定的酒店法律、法规。主要是指《酒店法》本身，是包括酒店登记入住、服务接待、客人人身及财物安全、物品寄存与保管、纠纷解决等内容的行业性法律。

本书主要讲的是广义的酒店法。

三、酒店法的调整对象

酒店法的调整对象是酒店在开设、经营活动中所产生的各种各样的社会关系，它主要分为以下几类。

(一)酒店与客人之间的关系

酒店与客人的关系主要是一种服务合同关系，酒店向客人提供住宿、餐饮、购物及其他有关服务，收取相应的价款；顾客接受这种服务并支付相应的价款。因此酒店与顾客之间形成了提供服务和接受服务的合同关系，这种关系是酒店法所调整的最主要的社会关系。

此外，酒店与客人的关系还是一种横向的法律关系，酒店同客人之间的法律地位是平等的，他们之间的关系一般以合同的形式予以确立，各主体在享有权利的同时也要承担义务。当然，不同的合同关系，双方将在一定范围内具有不同的权利和义务。

例如，房客（即在酒店中长期居住的客人，其实际上是房屋租赁关系）和普通的住宿顾客的要求不同，合同关系也不同。因此酒店法规中对不同的合同关系有着不同的保护方法和侧重点。

(二)酒店与行政管理机构之间的关系

众所周知，中华人民共和国国务院，即中央人民政府，是最高国家权力机关的执行机关，是最高国家行政机关。地方各级人民政府是地方各级权力机关的执行机关，是地方各级行政管理机关。那么主管酒店的行政管理机构主要涉及工商行政管理局、公安局、消防管理机关、税务局、劳动局、卫生防疫部门、文体局等。由此可见，酒店与行政管理机关之间的关系是一种纵向的法律关系。国家行政管理机构对酒店的经营管理活动负有监督、管理

的责任。这种关系具体表现为领导与被领导、管理与被管理、监督与被监督的关系。前者主要表现为权利的行使,后者主要表现为义务的履行,双方的主体地位是不平等的。

知识链接

国家行政机关也称"国家行政管理机关""行政机构",即狭义的"政府"。它是国家按照宪法和相关组织法规定设立的,依法享有并行使国家行政权,负责对国家各项行政事务进行组织、管理、监督和指挥的国家机关。根据《中华人民共和国宪法》的规定,国务院即中央人民政府是最高国家行政机关,地方各级人民政府是地方各级权力机关的执行机关,是地方各级行政管理机关。我国的最高国家行政机关是国务院,地方国家行政机关分为省(自治区、直辖市)、州或县(市、区)和乡镇三级人民政府。

(三)酒店与其他旅游企业之间的关系

众所周知,食、住、行、游、购、娱为旅游活动的六大要素,而酒店主要负责提供餐饮、住宿的服务,由此可见一家单体酒店是无法单独完成旅游者在旅游活动中的服务接待工作的,需要酒店与旅行社、旅游交通等其他旅游企业之间相互协作、相互配合,形成一个旅游服务整体才能保障客人旅游活动的顺利开展。如旅行社主要负责组织客源和提供导游服务,旅游交通也就是"行"则需要旅游车船等企业承接完成,而"食、住"则需要酒店和餐厅解决。因此,旅游业自身的特点便决定了酒店同其他旅游企业之间的活动必须相互配合、协调发展,彼此之间存在相互依存的协作关系。

旅游企业是从事旅游经济活动的独立单位。按照旅游企业为旅游者提供服务项目的不同,可分为:从事招揽、联系、接待、安排旅游者进行旅游活动的旅行社;主要为旅游者提供住宿、饮食和其他服务的宾馆(饭店);为旅游者提供交通运输的旅游车船公司(队)以及在游览点、旅游宾馆或其他地方向旅游者提供旅游商品的旅游商店等。[①]

知识链接

旅游企业在我国是在国家统一领导下具有相对独立性的,从事旅游经济活动的经营单位。旅游企业首先是为旅游者提供吃、住、行、游、买及娱乐等消费并取得相应收入的服务行业。它必须独立进行经济核算,在核算耗费与收入的基础上,要求用收入抵补支出并取得盈利。

按照旅游活动的方式、范围以及旅游产业本身的属性,将旅游企业进行不同形式的划分。

按照从事旅游产品经营的产业链划分:

① 王文元,夏伯忠.新编会计大辞典[M].沈阳:辽宁人民出版社,1991.

(1)直接旅游企业:旅行社、饭店、餐馆、旅游商店、交通公司、旅游景点、娱乐场所等。

(2)辅助旅游企业:管理公司、服务公司、影视公司、出版单位、通信设施以及食品、卫生等生活服务部门和行业。

(3)开发性组织:相关的政府机构、旅游院校、旅游科研机构等。

按旅游活动所使用的主要经营资源划分:

(1)劳动密集型旅游企业。

(2)资本密集型旅游企业。

(四)酒店与相关部门之间的关系

酒店在经营管理过程中除了与上述行政机关、旅游企业产生关系外,由于其综合服务的性质,也会与许多其他部门产生关系,如供水、供电、供气等企业和部门,酒店同这些企业和部门之间的关系视情况而定,也会存在横向的或纵向的法律关系。

(五)酒店经营过程中产生的涉外法律关系

随着全球经济一体化发展,我国接待国际客人的数量越来越多,参与我国酒店经营投资的外商企业也越来越多。因此这里的涉外法律主要涉及涉外酒店客人和国际酒店组织在中国的法律地位,中外合资、合作酒店中的中外各方的合作关系等。这些关系一般由我国法律进行调整,但涉及我国参加的国际有关酒店的公约、条约以及国际惯例除外。

知识点测试 1.1

任务二　了解酒店法与酒店法学的区别

一、酒店法学的概念

法学是以法律为主要研究对象的学科,是社会经济、政治、文化有了相当发展,出现了较完整的法律规范体系后才逐渐形成和发展起来的。酒店法学是一个法学分科,它以酒店法为研究对象,对当事人没有约束力。

酒店法和酒店法学是两个不同的概念,它们之间既相互联系又有所区别。广义的酒店法是指与酒店经营、管理活动有关的各种法律规范的总和,它是一个部门法。酒店法以酒店社会关系为调整对象,体现国家意志,对当事人具有约束力。而酒店法学是一个法学分科,它以酒店法为研究对象,对当事人没有约束力。酒店法的规范和实践为酒店法学的研究提供课题和条件,而酒店法学的研究又促进了酒店法的健全和完善。

二、酒店法与酒店法学的区别

总体而言,酒店法与酒店法学之间的区别主要在如下几个方面。

(1)酒店法是一些法律规范的总和，是法律的一个部门，简单地说，它是法；而酒店法学是社会科学的一部分，是一种法学理论，是法学的一个分支学科。

(2)酒店法是具有法律约束力的法律规范；酒店法学则没有法律的约束力，它是一种学术理论，并非酒店的行为准则。

知识点
测试 1.2

任务三　解析酒店法的形成

一、酒店业的发展

“酒店”一词是舶来品，由法语演变而来，起初指代法国贵族在乡下招待贵宾的别墅，而后在欧美的酒店业沿用了酒店(Hotel)这个词。我国是较早出现酒店的国家之一，国内酒店业发展源起于更早时期，迄今已有三千多年的历史，可以追溯到殷商时期。据考证，早在殷商时期我国就出现了官办的招待所，至唐朝时期，国家所办的招待所已初具规模，内部装修也较豪华，并出现了接待各国使节、达官贵人的国宾馆。尽管我国历代对酒店称谓不一，如驿站、会同馆、客舍、旅店、旅社等，但其性质一样。总体而言，我国旅馆业经历了四个时期，即客栈时期、大饭店时期、商业饭店时期、饭店联号时期。伴随经济的发展，旅馆业的服务内容也经历了四个阶段，即客栈时期的简单服务阶段、大饭店时期的基本服务与一流服务相结合阶段、商业饭店时期的全面服务阶段、饭店联号时期的全方位和个性化服务阶段。到了现代，酒店业已成为与旅行社业、旅游交通业并列的旅游业三大支柱之一，成为国家创收的重要产业之一。

二、酒店法的形成

伴随酒店业的兴起和发展，酒店与客人之间的关系、酒店与酒店之间的关系、酒店与其他相关部门之间的关系也随之产生，从而逐步形成了调整这些关系、确定各方主体权利义务的各种规范，即酒店相关的法律法规。由此可见，酒店法是酒店业发展到一定历史阶段的产物，它伴随着酒店业的发展而产生，并随着酒店业的不断发展而日趋完善。

《中国大陆与澳门饭店法规之比较》一文指出，中国大陆至今还没有一部完整系统的酒店业基本法规，尽管国务院、旅游局、其他行政机构、饭店行业协会等颁布了大量有关酒店管理的规章制度和管理条例。

现代酒店法最早产生于中世纪的英国，至今已有四五百年的历史。英国、美国、法国、比利时等国家的法律百科全书中，都有“旅馆法”这一条目，详细地论述旅客同旅馆、餐厅之间有关接待、服务、人身财物安全等方面的权利义务关系。英、美等普通法系的国家存在大量关于酒店法的判例和单行法规。

我国香港地区也有关于酒店的单行法例，如《旅馆业条例》和《酒店东主条例》。我国澳门地区同样有关于酒店的法律，如《酒店业场所业务法》明文禁止未满十八岁的未成年人进入酒吧和舞厅。

大陆系的德国则在《德国民法典》第 701 条中规定："以供外人住宿为营业的旅店主应赔偿外人在该业务的经营中携入的物品因丢失、毁损或损坏而造成的损害。"从而明确了酒店对旅客财产的责任。

《法国民法典》第 1952 条、第 1953 条分别规定："旅馆或饭店经营人，对在其旅馆或饭店留住的旅客带入旅馆或饭店内的衣服、行李与各种物品，负受寄托人的责任"，"如此种物品被偷盗或者有损失，无论系由旅馆或饭店的佣人或职员所为，还是由出入旅馆或饭店的其他人所为，旅客或饭店经营人均应对此承担责任"。

《意大利民法典》第 1783 条规定，对于旅客交付的物品，旅馆所有人应当承担作为收货人的保管义务。第 1784 条第一款也规定，旅客带入旅馆的物品被盗、丢失或毁损，旅馆所有人应负赔偿责任，最高限额为 20 万里拉。

从各国立法上看，针对酒店业的专门性的法并不多。尤其在确认酒店和旅客之间的权利义务关系的问题上，主要侧重于适用民法的规定。

知识链接

《德国民法典》的债务关系法编中规定了"旅店主宠物的携入"，法律中规定旅店主应对客人携入物的丧失、毁坏或损坏进行赔偿，除非该损坏是客人、客人的陪同人员或接纳同住的人员造成的，或者是因为物的自然属性或不可抗力引起的。旅店主的责任限额为 1 天住宿费用的 100 倍，但不得低于 1000 马克，最高不超过 6000 马克；对金钱、有价证券和珠宝，最高的赔偿限额为 1500 马克。

国际范围内，随着各国酒店的涉外接待服务不断增长，服务过程中随之产生了一系列的国际酒店法律纠纷。因此，相关的酒店国际公约、国际条约和国际协定被制定出来，并被越来越多的国家所承认及执行。1978 年国际私法统一协会拟订和通过的《关于饭店合同的协定草案》，具体地规定了酒店经营者和客人之间的权利和义务。国际饭店协会于 1981 年制定了《国际旅馆法规》（中国旅游饭店协会于 1994 年加入国际饭店协会），此法现仍生效，并获得了国际酒店业的普遍承认。该法在宗旨中写明，"法规可作为各国有关饭店住宿契约立法的辅助性条款"。

从国际酒店立法情况看，酒店法发展到今天，已有一定的系统性和完整性，越来越多地受到各国立法的重视。作为一个新兴的法律部门，它体现了国家意志，对构成酒店法律关系的当事人具有法律约束力，对保护和促进酒店业的发展起着重要的推动作用。

三、我国酒店法的立法情况

在我国，与酒店业在国民经济中日益提升的地位以及和百姓日益密切的关系不相称的是，饭店消费除去适用《消费者权益保护法》中对合同、消费有一些较为粗泛的规定外，其他仅有一些司法解释、地方法规以及行业规范对饭店业经营中的税收、侵权等方面问题作了不尽完善的规定，尚无一部在全国范围内实施并上升到法律层次的调整饭店在开设、经营中各种社会关系的法律出台。

也就是说，在我国目前的法律体系中，还没有一部完整的酒店法用来调整酒店和客人之间的权利与义务和法律责任以及酒店在经营管理中的各种法律关系。目前，我国对饭店业的管理和调整主要是通过行政立法的手段进行的。根据法规制定的主体不同可以分为以下两大类。

（一）国务院各职能部门制定的法规以及颁布的各项通知

国务院各职能部门制定的法规以及颁布的各项通知，如 1987 年 11 月公安部发布的《旅馆业治安管理办法》；国家烟草专卖局于 2002 年 9 月 9 日颁布的《烟草系统宾馆饭店安全管理暂行规定》；1988 年 8 月国家旅游局发布的《中华人民共和国评定旅游（涉外）饭店星级的规定》和《中华人民共和国旅游涉外饭店星级标准》，1991 年 8 月 15 日以及 1993 年 8 月 19 日分别发布的《关于进一步做好旅游涉外饭店星级评定工作的通知》《关于加快旅游涉外饭店星级评定工作的通知》，1993 年 7 月 29 日发布的《饭店管理公司管理暂行办法》，2002 年 9 月 9 日颁布的《中国旅游饭店行业规范》等。

（二）各省、市结合本地的实际制定的一些地方性规章

各省、市根据上级行政管理机构发布的规范文件，结合本地的实际制定的一些地方性规章，如江苏省常州市人民政府于 2001 年 4 月 29 日颁布的《常州市旅游住宿业（饭店）管理暂行办法》；湖北省荆门市人民政府办公室 2003 年 1 月 10 日颁布的《荆门市旅游饭店管理实施细则》。还有关于特别事项的一些通知等，如辽宁省大连市人民政府在 2003 年 4 月 27 日发布的《大连市人民政府关于星级饭店严格控制非典型肺炎传播的紧急通知》等。

伴随着酒店业的发展，近年来我国制定了一系列涉及酒店方面的全国性和地方性的法律、法规和规章制度，以加强对酒店业的指导和管理。目前我国调整酒店和其他法律关系主体之间的权利义务关系的法律法规主要有《民法典》《消费者权益保护法》《消防法》《食品安全法》以及一些国际条约和国际惯例等。相信随着我国酒店业的蓬勃发展，调整酒店和客人以及酒店和其他法律关系主体之间行为规范的法律法规也会日趋完善，并有效指导、协调我国酒店业的发展。同时，规范性文件与规章的颁布和发展，也为我国《酒店法》的颁布打下了一定的坚实基础。

知识链接

（1）1986 年 7 月 1 日施行《高层建筑消防管理规则》。

（2）1987 年 11 月 10 日公安部发布《旅馆业治安管理办法》。

（3）1989 年 9 月 30 日国家旅游局、财政部、国家物价局、国家税务局联合发布《关于旅游涉外饭店加收服务费的若干规定》。

（4）1991 年 5 月 29 日国家旅游局发布《旅游行业对客人服务的基本标准（试行）》。

(5)1991 年 9 月 4 日七届全国人大常委会二十一次会议通过《关于严禁卖淫嫖娼的决定》。

(6)1993 年 7 月 29 日国家旅游局发布《饭店管理公司管理暂行办法》。

(7)1993 年 10 月 31 日全国人大通过《中华人民共和国消费者权益保护法》。

(8)1998 年 9 月 1 日施行《中华人民共和国消防法》。

(9)1999 年 10 月 1 日修订施行《中华人民共和国合同法》。

(10)2002 年 5 月 1 日颁布实施《中国旅游饭店行业规范》。

(11)2006 年 3 月 1 日颁布《娱乐场所管理条例》(2016 年修订)。

(12)2006 年 3 月 7 日起实施《星级饭店访查规范》。

(13)2008 年 10 月 1 日起实施《娱乐场所治安管理办法》。

(14)2009 年 6 月 1 日实施《中华人民共和国食品安全法》。

(15)2009 年 8 月施行新修改后的《中国旅游饭店行业规范》。

(16)2010 年 3 月施行《中国饭店管理公司运营规范(试行)》。

(17)2011 年 1 月 1 日修订实施新的《旅游饭店星级的划分与评定》。

(18)2011 年 1 月修订实施新的《旅馆业治安管理办法》。

(19)2011 年 1 月修订实施新的《旅游业治安管理办法》。

(20)2010 年 7 月 1 日施行《中华人民共和国侵权责任法》《旅游投诉处理办法》。

(21)2013 年 10 月 1 日起施行《中华人民共和国旅游法》。

(22)2014 年修订《中华人民共和国消费者权益保护法》(专门增加了有关宾馆酒店的内容)。

(23)2015 年 10 月 1 日起施行修订后的《中华人民共和国食品安全法》。

(24)2016 年 12 月 1 日起施行《旅游安全管理办法》。

(25)2018 年 5 月 18 日起施行《关于对旅游领域严重失信相关责任主体实施联合惩戒的合作备忘录》。

(26)2017 年 11 月起施行《旅馆业治安管理条例(征求意见稿)》。

(27)2018 年 3 月施行《关于促进全域旅游发展的指导意见》。

(28)2021 年 1 月 1 日起施行《中华人民共和国民法典》。

此外，一些地方也结合本地酒店业的实际情况，制定了一些地方性的酒店法规，比如：

(1)1985 年 6 月 1 日广州市公安局制定《旅客住宿须知》。

(2)1991 年 6 月 20 日江苏省旅游局和公安厅联合颁布《江苏省旅游涉外饭店安全管理规定》。

(3)1991 年 10 月 21 日北京市旅游局发布《北京市旅游涉外饭店管理试行办法》。

(4)1991 年 10 月长沙市公安局制定《长沙市旅客住宿管理规定》。

(5)1998 年 9 月广东省实施《制止经营上台酒水牟取暴利试行办法》。

(6)2009 年 8 月 1 日湖南省实施《湖南省旅馆业治安管理办法》。

知识点
测试 1.3

任务四　掌握酒店法的基本内容与作用

一、酒店法的基本内容

酒店法是指一系列调整酒店成立、经营管理以及与各方关系的法律规范的总称。它是为了保护消费者权益、维护酒店行业的公平竞争和规范经营而设立的法律框架。酒店法的具体内容和适用范围可能因国家和地区的法律体系而有所不同。因此，在具体情况下，酒店业务经营者和消费者都应遵守当地的酒店法规，并了解自己的权利和义务。

（一）对酒店设立、变更和终止的规定

酒店的设立、变更和终止是涉及酒店存在和消亡的法律程序和问题。酒店的设立，指的是酒店设立人按照法定程序获得酒店经营资格并实施的行为。在大多数国家，设立酒店需要满足一系列法律和行政程序。我国的《旅馆业治安管理办法》第四条规定，“申请开办旅馆，应取得市场监管部门核发的营业执照，向当地公安机关申领特种行业许可证后，方准开业。经批准开业的旅馆，如有歇业、转业、合并、迁移、改变名称等情况，应当在市场监管部门办理变更登记后 3 日内，向当地的县、市公安局、公安分局备案”。

在我国境内的规模以上酒店、外商投资酒店、股份制酒店和私营酒店等，都由国家行政管理机关审批设立。申请设立的酒店必须具备法定的设立条件，通常由酒店设立人提出申请，由主管机关或其他授权机关审查批准。

酒店的变更是指酒店设立登记事项中某一项或几项内容的改变。

酒店的终止，又称作酒店的关闭，是指酒店的解散及经营活动的停止。

（二）对酒店经营范围的规定

酒店经营范围的确立对于管理和规划酒店业务非常重要，这决定了酒店可以提供的服务种类和质量水平。现代酒店是一个具有多种功能的综合性企业。除客房和餐饮外，酒店的范围还应包括它的附属设施，如游泳池、健身房、商场等。酒店经营范围的确立应该充分考虑到服务对象的需求，以及酒店自身的实际条件和发展战略，从而为客人提供更广泛和优质的服务。

（三）对酒店的权利和义务的规定

酒店作为独立的市场经营主体，它有独立的经营权和管理权，并在对客服务过程中有权拒绝客人，有权收取合理的费用，有权要求客人赔偿因客人原因而使酒店遭受的损失等。与之相对应，酒店作为独立的市场经营主体，也应遵纪守法，接受各级各类国家行政管理机关的监督管理，并在对客服务过程中保障客人的人身安全和财产安全，有义务提供与酒店等级相符的各种服务等。

(四)对酒店客人权利和义务的规定

酒店客人有广义和狭义之分,广义的酒店客人包括住店客人、在店消费客人,以及潜在的消费客人等人员。狭义的酒店客人仅指在酒店住宿、用餐或接受其他服务消费的人员。本书中所说的酒店客人,多指狭义的酒店客人。

酒店客人的主要权利包括有权自主选择饭店服务的种类和内容;有权要求饭店提供安全、舒适的环境,有权要求饭店经营者对其人身、财务安全负责任;有权要求在享受饭店服务过程中得到应有的尊重,并要求饭店提供相应标准的优质服务;有权在人身或者财产遭受损失时要求饭店进行合理赔偿等。

酒店客人即酒店消费者的主要义务包括应遵循国家法律、法规和饭店的各种合理的规章制度,并尊重饭店及其工作人员;应按饭店的合理要求,提供有效的身份证件,按时、足额支付住宿费及其他费用;有义务爱护酒店的财物,消费者损坏饭店设施,或者因侵权行为而使饭店或其工作人员受到损害时,应负赔偿相应损失等。

(五)对酒店法律责任的规定

酒店对客人的安全和财产安全负有法律上的义务。作为经营住宿服务的商业机构,酒店有责任采取合理的预防措施,确保客人在酒店内的人身安全和财产安全。如果客人在住店期间或接受酒店服务的过程中由于酒店的故意或过错导致人身伤害或财物损失,酒店可能需要承担法律责任,包括赔偿客人的损失或支付相关的医疗费用等。

1.法律责任的概念

法律责任,分为广义和狭义。广义的法律责任是指任何组织和个人均所负有的遵守法律、自觉地维护法律的尊严的义务。狭义的法律责任指违法者对违法行为所应承担的具有强制性的法律上的责任,其特点表现为:在法律上有明确具体的规定,由国家强制力保证其执行,由国家授权的机关依法追究法律责任,实施法律制裁,其他组织和个人无权行使此项权力。

酒店法律责任是指酒店对违法行为所应承担的具有强制性的法律上的责任。

2.法律责任的分类

根据违法行为所违反的法律的性质,可以把法律责任分为以下几类。

(1)民事法律责任;

(2)行政法律责任;

(3)刑事法律责任;

(4)经济法律责任;

(5)违宪法律责任;

(6)国家赔偿责任。

追究法律责任的原则包括:个人负责,不株连原则;重在教育原则;依法追究法律责任原则。

3.法律责任的构成要件

法律责任的构成要件是指构成法律责任必须具备的各种条件或必须符合的标准,它是国家机关要求行为人承担法律责任时进行分析、判断的标准。根据违法行为的一般特点,我们把法律责任的构成要件分为以下五个方面。

(1)主体。法律责任主体,是指违法主体或者承担法律责任的主体。责任主体不完

全等同于违法主体。

(2)违法行为或违约行为。违法行为是指违反法律所规定的义务、超越权利的界限行使权利以及侵权行为的总称,包括犯罪行为和一般违法行为。

(3)损害事实。损害事实即受到的损失和伤害的事实,包括对人身、财产、精神(或者三方面兼有的)的损失和伤害。

(4)主观过错。过错即承担法律责任的主观故意或者过失。

(5)因果关系。因果关系即行为与损害之间的因果关系,它是存在于自然界和人类社会中的各种因果关系的特殊形式。

二、酒店业立法的基本原则

酒店业立法的基本原则是酒店立法精神的集中体现,也是酒店业法律规范中最基本的一般性准则。它为具体法律条文的制定指明了方向,同时它作为法律规定的最后底线,在没有具体细则规定时能够作为评判是非的最基本标准。

(一)公平原则

公平是法律最基本的价值取向,法律的基本目标就是在公平与正义的基础上建立社会秩序,在酒店业立法中,应当贯彻这一原则。酒店经营者和住宿者应当根据公平的理念确定各方的权利和义务,经营者和住宿者都应当在不侵害他人合法权益的基础上实现自己的利益,不得滥用自己的权利。

(二)平等原则

酒店经营者与住宿者之间的法律关系实质上是一种民事法律关系,双方都是平等的民事法律主体,一方不得将自己的意志强加给另一方。平等原则的基本含义是,酒店经营者和住宿者无论是何人,无论其具有何等身份,在酒店住宿法律关系中相互之间的法律地位是平等的,都是独立的平等的民事主体,都必须根据住宿约定提供和接受住店服务。

(三)诚实信用原则

诚实信用原则被称作是民法原则中的"帝王"条款,它对于酒店立法来说同样具有十分重要的地位。在酒店业的经营活动中,无论是酒店经营者,抑或是酒店住宿者,在处理彼此关系时,都应当讲诚实、守信用,以善意的方式履行自己的义务,以善意的方式行使自己的权利,不得以损害他人为目的滥用权利。

(四)自愿原则

在酒店经营中,住宿者有权根据自己的意愿选择住宿酒店以及选择接受酒店服务,酒店经营者也有权拒绝接受恶意的住宿者进店入住。同样,作为自愿原则,酒店经营者也不得强制住宿者接受其不愿选择的服务,酒店经营者不得拒绝住宿者常规的、合理的服务要求。为此,酒店业立法体现和贯彻这一原则。

(五)守法维德原则

酒店业立法确立经营者、住宿者在设立、变更、终止住宿法律关系中遵守法律、法

规，尊重社会公德，不得扰乱社会经济秩序，损害社会公共利益的原则。这一原则是对当事人自愿原则的限制和补充。

三、酒店法的作用

随着旅游业的迅猛发展，我国酒店业已经成为拉动消费、实现增长、扩大就业的重要因素之一。与此同时，涉及酒店业的法律纠纷也日益增多，而规范酒店管理、解决酒店经营法律纠纷的法律法规则日益重要。因此，建立我国酒店法律制度，已然是促进酒店业健康发展、保障酒店经营者和住宿者的合法权益的客观需求。

我国酒店业立法的指导思想是加强对我国酒店业的管理，提高酒店业的服务质量和服务水平，保障酒店经营者和住宿者的合法权益，维护酒店业经营秩序，促进酒店业的健康发展。

依据我国酒店业立法指导思想，酒店法的作用主要体现在如下几个方面。

（一）酒店法有利于国家机关对酒店业的发展实行宏观调控

在我国酒店业发展的历程中，经济政策、行政手段都发挥过作用，而用法律对酒店业进行调控是社会主义市场经济的客观要求。社会主义市场经济体制的建立和完善必须有完备的法制进行规范和保障。从这个意义上说社会主义市场经济就是法制经济，对饭店业的调控也必须用法律手段。作为社会主义法制建设的一部分，国家对酒店业的宏观调控和监督管理都必须以法律为准绳来进行。因此，国家通过制定有关酒店方面的法律、法规，对酒店和有关部门的关系实行有效协调和控制，从而加强对我国酒店业的管理，规范酒店业的经营活动，促进酒店业的健康发展。

（二）酒店法是酒店法律关系主体行为规范的依据

首先，酒店在经营、管理中会产生多种多样的法律关系，在这些法律关系中会出现各种法律纠纷问题。例如，酒店因自己过错不能按时向客人提供已预订客房；客人因个人原因未入住酒店而给酒店造成经济损失；酒店因管理不当而造成客人的人身损害或者财物的毁损或灭失；酒店的餐厅因提供不符合卫生标准的饮食而造成客人的人身伤害；客人因个人过错将酒店的财物损坏或私自带走；酒店因消防措施不到位引发火灾等。

依据酒店法可为酒店经营管理中的各方主体提供行为规范，以约束酒店法律关系主体，促进双方在法律允许范围内经营消费。酒店法规定了酒店的行为规范，包括但不限于以下方面保障客人的人身财务安全；设置客人贵重物品保险箱，保管客人的贵重物品；保护客人的隐私权；具备完善的火灾报警和灭火设施设备。同时酒店法也规定了客人在酒店内的行为规范，包括但不限于禁止携带危险品进入酒店；入住时提供有效证件如实登记；支付在酒店内消费的费用等。

其次，酒店和客人以及酒店和其他法律关系主体之间的合同一经成立，便具有法律效力。在酒店和客人之间的合同关系中，双方都应当严格遵守合同条款，履行各自的义务，以维护双方的合法权益，并在合同有争议时，依法解决纠纷，确保合同的有效性和稳定性。

众所周知，法具有指引、评价、教育、预测和强制五种规范作用。因此酒店法的规范

作用首先体现在它明确了酒店和消费者双方的权利义务准则和一些具体要求，成为衡量双方的合同、行为是否合法有效的标尺，并促进双方在法律允许的范围内经营和消费，为双方矛盾的解决提供了准绳。

(三)酒店法是酒店法律关系主体权益的保障

一方面酒店法通过明确酒店法律关系主体的权利和义务，为酒店、客人等酒店法律关系主体提供了法律的保障，能够真正保证这些权利义务的实现。另一方面，酒店法还对不履行或不适当履行义务的行为所应承担的法律责任做出了规定，为酒店法律纠纷的解决提供了评判的标准，是保证合同依法履行、酒店及客人等法律关系主体合法权益得到保护的有力保障。

我国调整酒店和其他法律关系主体之间的权利义务关系的法律法规主要适用我国的《民法典》等，但近年来，随着我国酒店业的快速发展，我国制定了一系列涉及酒店方面的全国性、地方性的法律法规和规章制度，包括《旅馆业治安管理办法》《关于旅游涉外饭店加收服务费的若干规定》《中华人民共和国消费者权益保护法》《中华人民共和国消防法》《中华人民共和国治安管理处罚法》《中华人民共和国安全生产法》《中华人民共和国食品安全法》《中国旅游饭店行业规范》《旅游饭店星级的划分与评定》《中华人民共和国旅游法》等，为酒店和其客人及其他法律关系主体的正当权益提供了法律保护，使酒店法律关系主体权益得到有力的保障。

(四)酒店法有利于促进经济发展

随着我国市场经济的逐步建立和完善，酒店业有了较大的发展，随之而来的就是发展过程中出现的各种法律纠纷问题。而酒店法律法规的建立和健全则可有效地避免和制止不按规范办事、不规范经营等现象。酒店法的建立是市场经济条件下发展酒店业，规范酒店业的经营活动，维护酒店业经营秩序，提高酒店服务质量，保障客人合法权益的需要。从竞争和发展的关系看，酒店法的建立健全加强了酒店行业的管理，将酒店业的管理纳入了法治化的管理轨道，使酒店管理操作规范化，使员工与管理者之间、行政管理机关与酒店、酒店与其他旅游企业之间的法律关系有规可循，从而减少了矛盾出现的可能，有力促进了经济的发展。

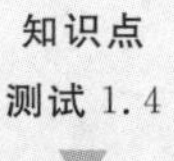
知识点
测试 1.4

任务五　掌握酒店法律关系

一、酒店法律关系的概念及特征

(一)酒店法律关系的概念

法律关系是指法律规范在调整人们的行为过程中所形成的具有法律上权利义务形

式的社会关系，或者说法律关系被法律规范所调整的权利与义务关系。法律关系由三个要素构成，即法律关系的主体、法律关系的客体和法律关系的内容。

酒店法律关系是指被酒店法律规范所确认和调整的、当事人之间在酒店开设、经营管理活动中形成的权利和义务关系。其构成要素也是由酒店法律关系的主体、酒店法律关系的客体和酒店法律关系的内容。

（二）酒店法律关系的特征

1. 酒店法律关系是以酒店法律规范为前提的社会关系

法律关系是以法律规范为前提的社会关系。法律关系是由于法律规范的存在而建立的社会关系，没有法律规范的存在，也就不可能形成与之相应的法律关系。同理，酒店法律关系即是以酒店法律规范为前提的社会关系。酒店法律关系正是由于酒店法律规范的存在而建立的社会关系，反映的是当事人之间在酒店开设、经营管理活动中所形成的一种社会关系。如果没有酒店法律关系的存在。也就不可能形成与之相应的酒店法律关系。

2. 酒店法律关系是以权利和义务为内容的社会关系

法律关系与其他社会关系的重要区别，就在于它是法律化的权利义务关系，是一种明确的、固定的权利义务关系。这种权利和义务可以是由法律明确规定的，也可以是由法律授权当事人在法律的范围内自行约定的。酒店社会关系之所以能成为酒店法律关系，就在于酒店法律规定了当事人之间的权利和义务关系。这种权利和义务关系是由酒店法律规范明确规定的，或是由酒店法律授权当事人在法律的范围内自行约定的。

3. 酒店法律关系是以国家强制力作为保障手段的社会关系

法律关系是体现意志性的特种社会关系，体现国家的意志。

众所周知，通过社会舆论和道德约束来实现的社会关系具有不稳定性和非强制性。而在酒店法律关系中，酒店企业和酒店客人可以做什么、不得做什么和必须做什么都是国家意志的体现，反映国家对社会秩序的一种维持态度。当酒店法律关系受到破坏时，就意味着国家意志所授予的权利受到侵犯，意味着国家意志所设定的义务被拒绝履行。这时，权利受侵害一方就有权请求国家机关运用国家强制力，责令侵害方履行义务或承担未履行义务所应承担的法律责任，也即对违法者予以相应的制裁。因此，酒店社会关系被纳入法律调整的范围之内，就意味着国家对它实行了强制性的保护。这种国家的强制力主要体现为对法律责任的规定上。

二、酒店法律关系的构成

同所有的法律关系一样，酒店法律关系的构成要素也包括主体、客体和内容三个要素，缺少其中一个要素，就无法构成酒店法律关系。

（一）酒店法律关系的主体

法律关系主体是法律关系的参加者，是指参加法律关系、依法享有权利和承担义务的当事人。即在法律关系中，一定权利的享有者和一定义务的承担者。在每一具体的法律关系中，主体的多少各不相同，在大体上都属于相对应的双方：一方是权利的享有者，称为权利人；另一方是义务的承担者，称为义务人。

酒店法律关系的主体，是指在酒店活动中依照国家有关法律法规享受权利和承担义务的人或组织，即酒店法律关系的当事人。在我国酒店法律关系中，能够作为主体的当事人，主要有以下两类。

1. 酒店法律关系的管理与监督主体

(1)酒店法律关系的管理主体主要是指国家行政管理机关，包括地方行政管理机关，指在人民政府的领导下直接负责管理全国和地方酒店工作的行政管理机关。

(2)酒店法律关系的监督主体指实行行政监督权的行政机关单位如工商、税务、旅游、公安消防、食品卫生、税务等行政管理部门。

2. 酒店法律关系的实施主体

酒店法律关系的实施主体是酒店法律关系的主要参与者，主要有以下几类。

(1)酒店。

酒店指在我国境内营业的所有类型的酒店。

(2)自然人。

自然人包括酒店员工和酒店客人。其中，酒店客人不仅包括我国国内客人，也包括外国客人。

(3)酒店相关经营者。

酒店相关经营者指在酒店经营过程中产生联系的各类企事业单位，包括国内外的订房中心、国内外旅行社、国内外的产品供应商等。

(4)其他酒店组织。

其他酒店组织指与酒店经营有关的各类官方或民间的酒店协会组织，如中国旅游协会、中国饭店协会、中国旅游饭店业协会和亚太旅游协会等旅游酒店协会组织。

(二)酒店法律关系的客体

酒店法律关系的客体，是指酒店法律关系主体之间权利和义务所共同指向的对象。通常情况下，法律关系主体都是围绕着一定的事物彼此才能成立一定的权利、义务，从而建立法律关系。这里的权利、义务所指向的事物，便是酒店法律关系的客体。如果仅有法律关系主体和内容，而无权利和义务所指向的事物——客体，这种权利和义务是无实际意义的，法律关系也难以成立。可以作为酒店法律关系客体的，主要有物、行为、科学技术成果、信息资料四种类型。

1. 物

物，在法律上具有一定的经济价值，在法律关系中作为财产权利对象的一切有形物质财富，是指现实存在的人们可以控制、支配的一切自然物和劳动创造的物。酒店法律关系的客体包括酒店客房、餐饮、娱乐场所、商品、物品等。货币作为酒店费用的支付手段，也是酒店法律关系的客体。

2. 行为

行为，是酒店法律关系的重要客体，是酒店法律关系主体进行的有目的、有意识的活动，主要有酒店服务行为、酒店管理行为两种。

酒店服务行为是指为客人提供预订服务、迎来送往服务，及做好客人在住店期间的食、住、行、游、购、娱等各个环节的服务工作。

酒店经营管理行为，是一种直接或间接地为客人提供服务的活动，包括酒店总经理、总监、经理、主管、领班等进行的各项经营管理活动。通过他们的经营管理工作，让酒店服务行为形成一个规范、统一的整体，为客人提供各种方便，满足酒店客人的合理要求。

3.科学技术成果

科学技术成果，是指法律关系主体从事智力劳动所取得的智力成果，包括专利、科学发明、酒店产品商标、企业名称标志、管理技术等。其所有权的使用和转让是有偿的，所以科学技术成果也可作为酒店法律关系的客体。

4.信息资料

信息资料，是指反映酒店与酒店客人、酒店与其他组织之间活动发生、变化和特点的各种消息、数据、情报和资料等。

(三)酒店法律关系的内容

法律关系的内容是指主体各方所享有的权利和承担的义务。故而，酒店法律关系的内容，是指酒店法律关系主体各方所享有的权利和承担的义务。法律关系主体间的权利和义务，构成了法律关系的内容。由于权利和义务把酒店法律关系的主体联结起来，因此权利和义务在酒店法律关系中不可缺少。

权利义务是一对表征关系和状态的范畴，是法学范畴体系中的最基本的范畴。从本质上看，权利是指法律保护的某种利益；从行为方式的角度看，它表现为要求权利相对人可以怎样行为，必须怎样行为或不得怎样行为。因此，在酒店法律关系中，权利和义务既相互对立又同时存在。当酒店法律关系主体一方因其他主体的行为而不能行使或实现时，有权请求国家机关运用强制手段帮助其实现权利。

1.酒店法律关系主体的权利

权利一般是指法律赋予人实现其利益的一种力量，与义务相对应。从通常的角度看，权利是法律赋予权利主体作为或不作为的许可、认定及保障。

酒店法律关系主体的权利，是指酒店法律关系主体依法享有的作为或不作为，以及要求他人作为或不作为的一种资格。酒店法律关系主体的权利主要包括以下三个方面的内容。

(1)酒店法律关系主体有权作出或不作出一定的行为。例如，酒店有权拒绝携带炸药、化学危险品的客人进入酒店；酒店有权拒绝无法提供有效身份证件的客人入住酒店。

(2)酒店法律关系主体有权要求另一方按照规定相应作出或不作出一定的行为。例如，对于客人而言，在酒店餐厅消费后，有权要求酒店出示发票、消费明细等相关票据。对于酒店而言，酒店为客人按要求提供相应服务后，有权要求客人支付相应的消费。

(3)酒店法律关系主体的合法权益受到侵害时，有权要求国家有关机构依据法律，保护其合法权益。例如，酒店客人损坏饭店设施，或者因侵权行为而使酒店或其工作人员受到损害时，拒绝承担相应损失的赔偿责任，酒店有权要求国家有关机构保护其合法权益。又如，客人因酒店设备损坏或陈旧致使客人人身安全受到损害，当索求赔偿酒店不予理会时，有权向国家有关机关提起投诉或诉讼，从而保护其合法权益。

2.酒店法律关系主体的义务

酒店法律关系主体的义务，是指酒店法律关系主体所承担的某种必须履行的责任。

这种责任包括以下三个方面的内容。

(1)酒店法律关系主体按照其权利享有人的要求做出一定的行为。如酒店接受了客人的预订,就有义务按照客人的要求提供给客人相应的客房及服务。又如,客人在酒店餐厅消费了餐食和饮品,就有义务支付相应的餐饮费用。

(2)酒店法律关系主体按照其权利享有人的要求,停止一定的行为。如客人办理了入住登记服务后就享有该客房的使用权,可要求酒店工作人员在其住宿期间不进入客房。又如酒店有权利要求住店客人禁止携带易燃易爆、有毒等危险品进入酒店。

(3)酒店法律关系主体不履行或者不适当履行义务,将受到国家法律的制裁。如酒店内发生重大事故(如火灾)、事件(如刑事案件)造成客人在酒店内遭到人身损害或财产损失,则酒店不但要承担其赔偿责任,还要受到法律的制裁。又如住店客人在酒店客房实施偷盗行为使酒店财物受到损坏,则客人不仅要承担赔偿责任还要受到法律的制裁。

三、酒店法律关系的确立与保护

酒店法律关系的产生、变更或终止都有一定的原因,那就是酒店法律事实的发生。

(一)法律事实

酒店法律关系只有通过某种客观事实或人的具体活动才能产生、变更或终止,否则相关的法律法规就变得毫无意义。但不是所有的客观情况都能引起法律后果,只有那些能够引起法律后果的客观情况,我们才把它们称为“法律事实”。例如,顾客在酒店每日常规的起居、用餐等活动,一般不被认为是法律事实。但如果因酒店提供了不符合卫生标准的餐食导致顾客食物中毒,则可被认为是法律事实,从而引起侵权责任的法律后果。

酒店法律关系的确立必须要有一定的酒店法律事实的出现。酒店法律事实是指符合法律规定,能够引起酒店法律关系产生、变更和消灭的客观情况。

根据酒店法律事实是否以主体意志为转移,可分为酒店法律事件和酒店法律行为两类。

1. 酒店法律事件

酒店法律事件,是指能引起酒店法律后果,但又不以人的主观意志为转移的客观事实。事件可分为自然现象和社会现象两类,自然现象如地震、台风、洪水等;社会现象如战争、动乱、罢工等。

2. 酒店法律行为

酒店法律行为,是指能产生法律后果,但以人的主观意志为转移的活动状态,如酒店合同的依法签订和履行。行为的主要特点是人通过外部表现出来的、有意识的或有意志的、能产生一定法律后果的活动。

法律行为有合法行为和违法行为之分,其中,违法行为从性质上划分为民事违法、行政违法、刑事违法;从违法方式上分为作为的违法与不作为的违法。

(二)酒店法律关系的产生、变更和消灭

1. 酒店法律关系的产生

酒店法律关系的产生是指因某种法律事实使酒店法律关系主体之间一定的权利义

务关系形成。例如,酒店和顾客签订住宿合同、就餐服务合同等,就会在酒店和顾客之间形成权利义务关系,并且这种关系受到上述有关法律的保护和监督。

换言之,酒店与客人之间法律关系的产生是随着客人住宿合同及其他有关合同的产生而产生的。酒店合同是指酒店为了获取利益向客人提供住宿设施、餐饮服务和其他附加服务,与客人或其他任何一方所达成的协议。酒店合同应是一种有偿、双务的诺成合同。客人向酒店提出了住房要求(发出了住房要约),办了登记手续,并且拿到了酒店客房的钥匙以后(即酒店接受了客人的要约);或者是客人向酒店发出了就餐或其他方面的消费要约,而酒店又接受了这一要约,这时候酒店与客人之间的合同关系才正式成立。这种合同关系一旦成立,就标志着酒店对客人的人身及财物安全负有责任。国际私法统一协会的《关于旅馆合同的协定草案》中第三条第一款也明确规定:"酒店合同在一方明确表示接受另一方提出的要约时即告成立。"

2. 酒店法律关系的变更

酒店法律关系的变更是指因某种法律事实使酒店法律关系的主体、客体和权利义务发生了变化。例如,某客人预订了某酒店的标间,但在入住时调整为单间,就是酒店住宿合同客体的变化而引起酒店法律关系的变更。但要注意的是,酒店法律关系的变更不是随意的,它受到法律严格的限制,除因不可抗力或当事人事先协商一致外,不得擅自变更。

酒店合同的变更大概有四种情况:客人延长或缩短原定住宿时间;客人因故取消住宿预订;因一方违约没有履行义务而导致另一方中止合同;酒店因客人有违法行为而终止合同。

3. 酒店法律关系的消灭

酒店法律关系的消灭是指因某种酒店法律事实,使酒店法律关系主体间的权利义务关系终结。在实践中,酒店法律关系的终止一般表现为主体各方权利义务的实现,如一个酒店按住宿合同规定圆满完成了某客人的接待任务,双方权利、义务关系即归于消灭。当然也有因主体间自行协商,或依法律规定,或主体消亡、破产等,而使酒店法律关系消灭的情况。

知识链接

酒店合同的终止是指客人结束在酒店的消费,结账离店,酒店与客人之间的权利与义务关系便终止。国际私法统一协会的《关于旅馆合同的协定草案》中规定,客人结账到离店之间应有一段"合理时间",如等待出租车等,这段时间里客人仍具有"潜在的客人身份",酒店与客人之间的合同关系仍存在,酒店仍然负有"潜在的责任",也应对客人的安全负责,直到其离开酒店为止。在合同期限内,酒店方无权强迫客人终止合同;如合同期满,客人仍然要求继续留在酒店,须在规定的时间之内通知酒店并在酒店认可的前提下,方可延续。如任何一方在合同期内违反合同所规定的义务,另一方有权要求赔偿。

案例

天津某公司和美国某公司合资兴建一座三星级酒店,双方为此签订了合资经营合同,但在建设过程中双方资金不足,于是经协商决定接纳新加坡一家公司作为另一合营者。为此,需要中、美、新三方在一起再进行协商签订新的合营协议。

法律分析:法律关系包括酒店法律关系的变更都是随意的,但这种变更受到了法律的严格限制。在本案中,天津某公司和美国某公司因资金不足,决定接纳新的合营者,是经过双方协商决定的,符合法律关系变更的规定。如果三方一旦签订了新的合营协议,则主体就由两个变为三个,原来双方所签订的合资经营合同中所约定的权利和义务的内容也要相应地发生变化。

(三)酒店法律关系的保护

1.酒店法律关系保护的主要方面

酒店法律关系保护是指通过法律手段确保酒店开设、经营活动中各方主体的合法权益得到维护和实现。以下是酒店法律关系保护的几个重要方面。

(1)消费者权益保护,包括服务合同履行、安全保障、隐私权保护等方面。

(2)酒店经营者权益保护,包括合规经营、知识产权保护、合同权益等方面。

(3)员工权益保护,包括劳动合同、劳动条件、工资福利等方面。

(4)法律风险防范,包括管理制度、法律顾问、员工培训等方面。

(5)法律纠纷处理,包括积极应对、证据收集、和解调解等方面。

通过上述措施,酒店可以在法律框架内保护自己和消费者的权益,同时也为酒店业的健康发展提供了坚实的法律保障。

2.酒店法律关系保护的实施

酒店法律关系保护是指国家机关管理监督酒店法律关系的主体正确行使权利、切实履行义务并对侵犯酒店法律关系主体合法权利或不履行法定义务的行为追究法律责任的活动。主要包括如下实施机构和措施。

(1)实施机构。

实施酒店法律关系保护的机构主要包括:国家司法机关、仲裁机构、国家旅游行政管理部门、国家工商行政管理机关、食品药品监督管理机关及其他行政管理机关等。

(2)相关措施。

行政处罚措施,包括警告;罚款;没收违法所得、没收非法财物;责令停产停业;暂扣或者吊销许可证、暂扣或者吊销执照;等。

民事强制执行措施,包括查询、冻结、划拨被申请执行人的存款,扣留、提取被申请执行人的收入,查封、扣押、拍卖、变卖被申请执行人的财产,搜查被申请执行人隐匿的财产等。

刑事强制措施,主要包括拘传、取保候审、监视居住、拘留和逮捕等。

案例解析

某日，杭州人汪某在西安某酒店住宿时，在该酒店寄存1只皮箱。由于该酒店保管不善，致使箱内的公款及物品被盗，价值人民币约5000元。在财物无法得到赔偿的情况下，汪某向法院起诉，要求该酒店赔偿其损失。经法院调解，双方达成以下协议：酒店赔偿客人汪某人民币2500元，案件受理费50元人民币由汪某承担。

思考：请问该案件的判决是否公平合理，请评析。

知识点测试1.5

项目小结

该项目介绍了酒店法及酒店法学的区别，酒店法的产生及调整对象，酒店立法的概况，酒店法的基本内容与作用以及酒店法律关系等酒店法的基础知识。酒店法是现代酒店业发展的必然产物，是调整在酒店经营活动中所产生的各种社会关系的主要法律依据，在模块介绍的酒店法律关系及相关知识，是本项目的重要内容，是学习酒店法规课程和解决实际问题的重要基础知识。

项目二
酒店行业规范

学习目标

知识目标

1. 了解中国酒店行业规范的出台背景和依据；
2. 掌握中国酒店行业规范的主要内容；
3. 熟悉实施酒店行业规范的意义。

能力目标

1. 能妥善处理客人物品报失的情况；
2. 能妥善处理客人自带酒水纠纷；
3. 能有效处理客人房费纠纷；
4. 能有效处理客人洗涤衣服破损纠纷；
5. 能有效避免侵犯客人隐私权；
6. 能规范处理客人车辆毁损或灭失纠纷；
7. 能规范处理客人贵重物品和一般物品保管纠纷；
8. 能规范处理客人预订、登记、入住的纠纷。

素质目标

1. 使学生具备良好的服务意识和服务态度；
2. 使学生具备良好的交流沟通能力；
3. 使学生具备良好的规范意识和法律意识。

关键概念

酒店行业规范　自带酒水　加收服务费　贵重物品　一般物品　知情权　强制消费　隐私权

2021年10月来自辽宁沈阳的刘先生反映，他在武汉办事时入住了一家连锁酒店，就在他入住后的第二天，自己一块价值一万多元的手表在房里不翼而飞了。据酒店客人刘先生介绍，自己是10月28日晚上10点左右入住江汉区自治街某酒店，入住后直到第二天中午12点要续住才离开了房间。等刘先生出门办完事，下午4点再回到房间，发现房间已经被打扫过，而自己的手表消失不见。刘先生表示手表是2019年的时候在香港买的，价格折合人民币一万多元，发现表丢失后，他第一反应是表可能遗失在垃圾桶里了，于是马上联系了酒店保洁，但酒店保洁表示没有见过刘先生的手表并觉委屈申请了离职。酒店积极配合调查，但拒绝了刘先生索赔5000元的诉求，双方为协商一致，都在等待司法机关的结果。

（案例来源：湖北经视。）

思考：顾客在住店过程中如果遗失了贵重物品，酒店是否有责任呢？

任务一 了解中国酒店行业规范的出台

一、中国酒店行业规范出台的背景

随着中国经济的快速发展和人民生活水平的提高，旅游业迅速崛起成为国民经济的重要支柱产业之一。作为旅游业的重要组成部分，酒店业也随之迎来了快速发展的黄金时期。然而，随着行业的快速发展，一些问题和矛盾也逐渐显现出来，主要表现在以下几个方面。

1. 服务质量参差不齐

鉴于国内缺乏统一的服务标准和行业规范，不同酒店之间的服务质量难免存在较大差异，造成消费者在选择酒店时往往缺乏评判其服务质量优劣的依据。

2. 行业竞争无序

伴随旅游业的快速发展，酒店业的竞争也日趋激烈，一些酒店为了追求利润最大化，采取打价格战等不正当竞争手段，不但损害了消费者权益和行业形象，也导致服务质量下降，导致行业竞争无序，影响酒店行业的健康快速发展。

3. 管理水平不高

酒店业发展迅速致使部分酒店匆忙上马，其管理水平和员工素质参差不齐，同时缺乏明确行业规范和标准指导，导致酒店业服务不规范，安全问题频发，严重影响了酒店业的整体形象和可持续发展。

4. 缺乏行业自律机制

旅游业的快速发展带来酒店行业的遍地开花，但酒店行业在快速发展的同时，缺乏有效的行业自律机制和政策文件指导，最终导致行业发展良莠不齐，限制行业整体水平

的提升。

截至目前,我国还没有一部完整的酒店法去调整酒店与客人及酒店与其他酒店法律关系主体之间的纠纷。目前适用于我国酒店和客人及酒店与其他酒店法律关系主体之间的法律法规,主要是《民法典》《消防法》《消费中权益保护法》等相关性法律法规和一些原则性的规范文件,详细具体的法律法规条例还尚不够完善,从而导致酒店从业人员无法在客人与酒店发生纠纷后的第一时间做到有法可依,有据可依,无法提供公平公正的有效解决方案。这种情况一方面使得客人的权益得不到保障,另一方面也严重影响酒店的经营,不利于酒店行业的健康发展。

正是在旅游酒店业快速发展下酒店与客人之间纠纷越来越多,酒店行业管理水平和服务质量参差不齐,而与之相适应的调整纠纷的酒店法律法规相对滞后的背景下,为了尽快解决这些问题,提升整个酒店行业的服务水平和管理质量,中国旅游酒店业协会在广泛征求意见和深入研究的基础上,参照国际酒店新规程,制定并出台了《中国旅游饭店行业规范》。它是一个全国旅游酒店行业的规范,一定程度上通过规范旅游酒店行业的行为实现了保护客人与酒店合法权益的目标。

二、中国酒店行业规范出台的依据

《中国旅游饭店行业规范》的主旨是倡导诚实守信,强化饭店对客人的承诺,维护客人和饭店的合法权益;规范企业经营活动,维护企业经营秩序;引导饭店按国际规则办事,使饭店经营更加符合国际惯例;逐步建立饭店行业的信誉和行业规范体系。其出台的依据是《消费者权益保护法》《关于饭店计算外宾住房天数的规定》《旅馆业治安管理办法》《国际饭店新规程》《关于旅游涉外饭店加收服务费的若干规定》,以及有关国际惯例。

三、中国酒店行业规范出台情况简介

《中国旅游饭店行业规范》是中国旅游饭店协会依据国家有关的法律法规包括《中国消费者权益保护法》《合同法》《国务院关于计算外宾住房天数的规定》《国际饭店新规程》及有关国际惯例制定的。该规范于 2001 年 7 月起草,在广泛调研的基础上经过反复修改后于 2002 年 3 月正式颁布,于 2002 年 5 月 1 日正式实施。现施行的《中国旅游饭店行业规范》为 2009 年 8 月修订版本。

《中国旅游饭店行业规范》由中国旅游饭店业协会于 2002 年 5 月 1 日起颁布实施。该规范总共 11 章 43 条,涉及饭店预定、登记、入住、饭店收费、保护客人人身和财产安全、保护客人贵重物品、保护客人一般物品、洗衣服务、停车场管理、自带酒水、遗留物品等相关方面的内容,明确规定了饭店的权利和义务。规定了饭店可以做什么,不可以做什么,并对易引起争议的问题给予了界定。

由此可见,《中国旅游饭店行业规范》是我国旅游酒店业的第一部行业规范。一方面,《中国旅游饭店行业规范》是我国有关法律法规和国际有关酒店公约和法规在我国旅游酒店行业具体化、规范化的体现,符合我国法律精神。另一方面,《中国旅游饭店行业规范》是我国进一步完善旅游酒店业法规建设的重要步骤,可引导酒店客人的消费行为并保障其合法权益,有力推动我国旅游酒店业的持续健康发展。因此,它的出台标志

着我国旅游酒店业向成熟化、规范化迈出了新的步伐。

凡在我国境内的各类旅游酒店包括宾馆、酒店、度假村等均应当遵守国家的有关法律、法规和规章，遵守社会道德规范，诚信经营，维护中国旅游酒店行业的声誉。《中国旅游饭店行业规范》具体明确规定了饭店的权利和义务，第一次全面、系统地将酒店与客人之间易产生权益纠纷的各个方面进行了明确的规定，对保护酒店客人的合法权益、保障酒店的顺利经营和健康发展具有积极的促进作用。

知识点测试 2.1

任务二 熟悉中国酒店行业规范的主要内容

为了倡导履行诚信准则，保障客人与旅游饭店的合法权益，维护旅游饭店业经营管理的正常秩序，促进中国旅游饭店业的健康发展，中国旅游饭店业协会依据国家有关法律、法规，特制定了《中国旅游饭店行业规范》。以下是该规范的主要内容。

一、对酒店的主要义务作了规定

该规范要求酒店应当遵守国家有关法律、法规和规章，遵守社会道德规范，诚信经营，维护中国旅游饭店行业的声誉。并明确规定了酒店应当承担的主要义务，具体如下。

第四条，饭店应当与客人共同履行住宿合同。

第六条，饭店应当同团队、会议、长住客人签订住房合同。

第七条，饭店在办理客人入住手续时，应当按照国家的有关规定，要求客人出示有效证件，并如实登记。

第九条，饭店应当将房价表置于总服务台显著位置，供客人参考。

第十条，饭店应在前厅显著位置明示客房价格和住宿时间结算方法。

第十一条，根据国家规定，饭店如果对客房、餐饮、洗衣、电话等服务项目加收服务费，应当在房价表或有关服务价目单上明码标价。

第十四条，对可能损害客人人身和财产安全的场所，饭店应当采取防护、警示措施。

第十七条，饭店应当在前厅处设置有双锁的客人贵重物品保险箱。

第二十三条，饭店保管客人寄存在前厅行李寄存处的行李物品时，应当检查其包装是否完好、安全，询问有无违禁物品，并经双方当面确认后，给客人签发行李寄存牌。

第二十五条，客人送洗衣物，饭店应当要求客人在洗衣单上注明洗涤种类及要求，并应当检查衣物状况有无破损。

第二十七条，饭店应当保护停车场内饭店客人的车辆安全。

二、对酒店的主要权利作了规定

《中国旅游饭店行业规范》第八条规定，以下情况饭店可以不予接待。

（1）携带危害饭店安全的物品入店者；

(2)从事违法活动者；
(3)影响饭店形象者(如携带动物者)；
(4)无支付能力或曾有过逃账记录者；
(5)饭店客满；
(6)法律、法规规定的其他情况。

三、对酒店预定、登记、入住服务作了规定

《中国旅游饭店行业规范》明确了酒店应当与客人共同履行住宿合同，对于预订服务，酒店应当提供准确、及时的预订信息，并在出现超额预订时，主动为客人安排同等或更高档次的酒店入住，并承担相关费用。例如，如果某酒店因超额预订导致客人无法入住，酒店需安排客人到附近的同等星级酒店入住，并承担由此产生的额外费用。

四、对酒店收费透明化作了规定

《中国旅游饭店行业规范》明确要求酒店应将房价表置于总服务台显著位置，并明示客房价格和住宿时间结算方法。如果饭店对客房、餐饮、洗衣等服务项目加收服务费，应在房价表或服务价目单上明码标价。例如，客人在入住时，饭店需提供酒店各种房型的价格清单，并明确告知客人酒店办理离店的时间，并在客人用餐时以明码标价或口头提醒的方式告知客人加收服务费事宜，从而避免和减少客人因费用不清楚而造成的纠纷。

同时，《中国旅游饭店行业规范》针对酒店客房收费的方式也做了规定。在修订后的2010年版的国家标准《旅游饭店星级的划分与评定》将旅游饭店的定义修改为："能够以夜为时间单位向旅游客人提供配有餐饮及相关服务的住宿设施。"2009年8月，中国旅游饭店业协会公布了新版《中国旅游饭店行业规范》中规定"饭店应当在前厅显著位置明示客房价格和住宿时间结算方法，或者确认已将上述信息用适当方式告诉客人。"

知识链接

国际酒店业采取的客房收费的方法是，以当日上午至次日中午12时之前为一天房费。不足一天的按一天计算。次日14时以后至18时以前办理退房手续者，酒店加收半天房费，18:00之后退房，加收全天房费。

美国《酒店法》规定，酒店在如下情况下可以不接待客人：①醉酒或行为不轨以致危害其他客人的；②有传染病者；③带入有可能对他人有影响或者对公众的安全有威胁物品的(如动物或者武器和爆炸物品)；④不愿意或者不能支付酒店费用的；⑤酒店无客房可提供。美国法律同时规定，酒店不得以客人在不恰当的时候(比如午夜)进入酒店而拒绝客人，酒店应当随时开放接待客人 。根据美国纽约《民权法》第四十一条规定："……由于种族、信仰、肤色、民族的原因而遭受拒绝的，可以获得100美元以上5万美元以下的赔偿费 。"

五、对客人物品丢失作了规定

在法律法规上，酒店有保护住店客人人身和财产安全的义务。而事实上，入住酒店的客人往往都是携带行李物品入住的。而造成住店客人财物丢失的情况是各式各样、纷繁复杂的。如有些是错误报失、有些是虚假报失、有些是粗心丢失、有些是真实丢失。而真实丢失又存在多种情况，如客人粗心丢失（客人自身外出或睡觉时未及时锁门导致物品被窃或自身粗心大意导致物品丢失）、酒店过错导致丢失（如服务员在清扫客人的房间期间，由于失误丢弃客人物品或打扫完房间后未锁门，以致客人的物品被窃）、违法分子盗窃丢失（违法分子进入酒店实施盗窃行为）等，此等物品丢失的纠纷在酒店屡见不鲜，为酒店经营管理造成了极大的困难。

针对以上情况，《中国旅游饭店行业规范》中规定："饭店应当采取措施，防止客人放置在客房内的财物灭失、毁损，由于饭店的原因造成客人财物灭失、毁损的，饭店应当承担责任，由于客人自己的行为造成的损害，饭店不承担责任。双方均有过错的，应当各自承担相应的责任。"此条规定明确了饭店的责任，对此类事件的处理提供了依据。

六、规定对客人隐私权的保护

酒店工作人员是不能随意泄露酒店客人的资料，酒店留底的登记资料也只是备公安机关检查的，如果侵害了消费者人格尊严、侵犯消费者人身自由或者侵害消费者个人信息，则由工商行政管理部门或者其他有关行政部门责令改正。从法律的角度来看，虽然客房的所有权是酒店的，但客人一旦办理了入住手续，客房的使用权即属于客人。

虽然已有相关的法律法规，但在实际经营中却存在着各种纷繁复杂的情况，导致酒店工作人员有意或无意情况下透漏客人住店信息，或者工作人员忽视客人隐私权的规定，自己随意进入客人房间，或由于个人工作失误导致其他人员无故进入住客房间，从而导致多宗侵害客人隐私权的纠纷频出不穷。这些行为既侵害了客人的合法权益，也降低了酒店的服务质量和管理水平。

针对以上情况，《中国旅游饭店行业规范》中规定："除日常进行清扫卫生、设施设备维修或者发生火灾等紧急情况外，饭店员工未经客人许可不得随意进入客人下榻的房间。"这就明确了住店客人对客房的使用权，也规定了酒店员工的行为规范，对客人隐私权的保护做出了明确规定。

七、对客人洗涤衣服破损作了规定

客衣洗涤破损的纠纷在酒店也时有发生，导致纠纷发生的原因既有客人有意为之，也有酒店失职而造成的。原因既有主观的也有客观的，例如有些酒店在客人送洗衣物之前未仔细检查客人的衣物有无破损，也未当面跟客人进行确认，而当客人收到洗涤后的衣物发现破损后则一概认定为酒店洗涤造成衣物破损，从而索求赔偿引发纠纷。

针对此类情况，《中国旅游饭店行业规范》中明确规定："客人送洗衣物，饭店应当要求客人在洗衣单上注明洗涤种类及要求，并应当检查衣物状况有无破损。客人事先没有提出特殊要求，饭店按照常规进行洗涤，造成衣服损坏的，饭店不承担赔偿责任。客

人送洗衣物在洗涤后即时发现破损等问题，而饭店无法证明该衣物是在洗涤前破损的，饭店承担相应责任。”

八、对客人车辆损坏或丢失作了规定

关于酒店客人入住酒店后而停放在酒店停车场的车辆发生损坏或失窃的情况在酒店也有发生，而且牵扯的赔偿金额往往也比较大，导致酒店与客人纠纷不断。鉴于酒店对入住酒店客人具有保护客人人身和财产安全的义务，因此对于酒店范围内的客人车辆被盗或损坏，酒店应当负起责任，但也要根据导致客人车辆被盗或损害的具体原因来区分责任。

针对这种情况，《中国旅游饭店行业规范》中规定：“饭店应当保护停车场内客人的车辆安全。由于保管不善，造成车辆灭失或者毁损的，饭店承担责任，但因为客人自身的原因造成车辆灭失或者毁损的除外。双方均有过错的，应当各自承担相应的责任。”同时规范中还规定：“饭店应提示客人保管好放置在汽车内的物品。对汽车内放置的物品的灭失，饭店不承担责任。”

九、对保管客人贵重物品和一般物品作出了规定

《中国旅游饭店行业规范》明确规定，酒店应在前厅设置有双锁的客人贵重物品保险箱，并为住店客人提供免费的贵重物品保管服务。酒店应当对住店客人贵重物品保管服务作出书面规定，并在客人办理入住时予以提醒，违反此规定或者客人的贵重物品在酒店保管期间发生灭失或损坏，饭店应承担赔偿责任。例如，客人将贵重首饰等财物存放在贵重物品保险箱中，酒店需确保保险箱的安全，并在客人取回物品时进行核对，确保物品完好无损。当然，如果客人遗失了酒店贵重物品保险箱的钥匙，酒店也有权要求客人赔偿钥匙成本费用和维修保险箱的费用。

关于客人一般物品的保管，《中国旅游饭店行业规范》也作出了明确规定，酒店有为住店客人免费提供一般物品保管的服务，但酒店与客人双方必须要当面确认寄存物品的完好、安全或者有无违禁品，并办理相关手续。客人寄存的一般物品中如有贵重物品而未事先声明或不同意核实而造成物品损坏、灭失的，如果责任方在酒店，则酒店按照一般物品予以赔偿；如客人对寄存物品没有提出需要采取特殊保护措施的，因为物品自身原因(例如水果等造成毁损或损耗的)，酒店不承担赔偿责任；但由于客人事先没有说明寄存物品情况，造成酒店损失的，除酒店知道或应当知道而未采取补救措施的以外，酒店可以要求客人承担赔偿责任。

十、对谢绝客人自带酒水作出了规定

关于酒店是否有谢绝酒店自带酒水的权利在社会上曾引起诸多争议，众说纷纭，酒店和客人也都无所适从，对酒店经营也造成了很多的困惑和不便之处。

对此，中国旅游行业协会在征求过多个法律人士意见的基础上，在《中国旅游饭店行业规范》第二十九条规定：“饭店如果谢绝客人自带酒水和食品进入餐厅、酒吧、舞厅等场所享用，应当将谢绝的告示设置于经营场所的显著位置，或者确认已将上述信息用

适当方式告知客人”，这一规定为纠纷的解决和酒店经营提供了依据。

酒店谢绝客人自带酒水的原因大致如下。

(1)国际酒店业通行的国际惯例：谢绝客人自带酒水。无论是酒店业发达的欧美国家，还是我国周边的其他国家，酒店都是不允许客人自带酒水在酒店享用的，这也是酒店与客人之间的默契。

(2)企业有经营自主权。酒店除了按星级标准中规定提供的必备服务项目外，提供什么服务项目，不提供什么服务项目完全属于企业正常的经营范围。因此酒店可以选择“谢绝客人自带酒水”。

(3)旅游酒店尤其是星级酒店的经营成本较大。客人在酒店用餐，特别是高星级酒店餐厅，不仅仅是品尝可口的菜肴，而且还享受了豪华餐厅的文化氛围、舒适的空调、柔和的灯光、悦耳的音乐、奢侈的家具和餐具以及热情周到的服务。这些都是包含在酒店的综合经营成本中，因此餐厅的产品定价往往是高于一般社会餐馆的定价。酒店究其根本是一家以盈利为目的的企业，企业经营的首要条件就是要考虑经营成本。客人既然享受了酒店餐厅特别是高星级餐厅的服务和环境氛围，自然要购买这里销售的产品，否则酒店将无法营业。因此客人不被允许自备酒水到酒店享用。

(4)酒店对住店客人的人身和财产安全负有责任和义务，自然也要对酒店用餐客人的食品卫生安全负责。如果酒店允许客人自带酒水，那么餐中或餐后出现食品卫生问题导致客人出现人身安全隐患，其责任将很难界定。这也不利于对酒店和酒店客人双方利益的保护。

十一、对行业自律和监督作出了规定

《中国旅游饭店行业规范》强调旅游饭店业协会的自律作用，要求会员酒店必须要遵守行业规范，并接受协会的监督和指导。对于违反规范的酒店成员，协会将采取相应的处理措施，包括内部通告、批评、公开批评，甚至除名等，从而对酒店行业起到监督作用。总而言之，通过《中国旅游饭店行业规范》的实施，旅游酒店行业能够更好地满足消费者的需求，提升服务质量，同时也为行业的可持续发展奠定了坚实的基础。

《中国旅游饭店行业规范》是我国旅游酒店业的第一部行业规范。它的出台对于我国酒店业的发展具有重要的意义，不仅为酒店业提供了统一的管理和服务标准，还对提升整个行业的服务质量、保障消费者权益、促进行业健康发展等方面起到了积极的推动作用。

1.酒店行业规范的制定和实施是指导和规范饭店自律行为的准则，标志着中国旅游酒店向更加成熟的方向迈进了一步

中国旅游酒店业是国内市场化程度较高，并与国际接轨较早，也是接轨较为畅顺的行业。虽然星级评定制度为我国饭店业从整体上较快达到国际水准奠定了基础，但是由于没有统一的行业规范，在一定程度上影响了饭店的经营水平和健康发展。《中国旅游饭店行业规范》是中国酒店行业的第一部行业规范，是中国旅游饭店协会依据国家有关的法律法规及有关国际惯例制定的，明确规定了酒店的权利和义务，它既指导和规范着酒店业的经营行为，也是评判酒店经营是否符合国家法律法规、行业规范和国际惯例的依据。因此该规范的制定和实施标志着中国旅游酒店向更加成熟的方向迈进了

一步。

2.酒店行业规范的制定和实施是主动应对我国入世、全球经济一体化竞争和挑战的积极举措

随着全球经济一体化发展日益增长，和我国于2001年正式加入世界贸易组织。我国酒店业虽较早对外开放，也较为顺利地与世界接轨，但也同样与其他行业一样要在国际市场上面临市场环境、法律环境等多方面的激烈竞争和挑战。因此，想要在国际市场竞争中谋求生存和快速发展，我国酒店业必须符合国际规则和国际惯例。《中国旅游饭店行业规范》的实施抛弃了过去的一家酒店一种规范，行业没有统一规范的不足，结合我国国情，对接国际规范，对中国旅游酒店业融入国际酒店业的竞争，起了积极作用。

3.酒店行业规范的制定和实施为我国酒店行业法规体系的建立奠定了良好的基础

《中国旅游饭店行业规范》不仅仅是我国旅游饭店业的第一部行业规范，也是我国服务行业的第一部行业规范。因此该规范的实施在一定程度上弥补了国家关于酒店行业现有法律规范的不足的同时，也为我国行业主管部门制定酒店法等相关法律法规探索了经验，提供了参考。不但为我国各行各业规范化、法制化建设和发展提供了必要手段，也为我国酒店行业管理部门提供了重要依据，更为我国酒店行业法规体系的建立奠定了一定的基础。

4.酒店行业规范的制定和实施有助于提升酒店业的整体服务质量

通过明确服务标准和操作流程，饭店能够提供更加标准化、规范化的服务，确保消费者在不同饭店享受到的服务具有一致性和可预期性。这不仅能够提高消费者的满意度，还能够增强消费者对酒店业的信任度，从而吸引更多的游客选择酒店作为外出旅游的住宿场所。

5.酒店行业规范的制定与实施有利于引导酒店客人消费行为并保障其合法权益

《中国旅游饭店行业规范》对于酒店的服务、安全、卫生等方面提出了明确的要求，既规定了旅游酒店在接受客人、保护客人人身和财物安全方面的责任和义务，同时对客人在酒店消费的权利、义务也进行细化界定，让酒店客人在明明白白消费的同时，权益也能得到更好的保护。例如，该规范中对于酒店的安全保障措施、紧急疏散通道的设置、食品安全管理、酒店收费、物品保管等方面都有详细的规定，这些都让酒店客人的人身和财产安全得到了有效的保障。

6.酒店行业规范的制定和实施对于促进旅游酒店业的持续健康发展具有重要作用

通过《中国旅游饭店行业规范》的指导和约束，酒店业能够更加注重酒店内部管理水平的提高和服务质量的提升，从而形成良性竞争，在激烈的市场竞争中脱颖而出。同时，规范还能够促使酒店业不断进行自我完善和创新，提高行业整体的竞争力和市场影响力。

7.酒店行业规范的制定和实施有助于提升国家旅游形象和国际竞争力

一个高标准、高质量的酒店业不仅能够为国内外游客提供优质的服务，还能够成为展示国家文化、服务水平、国家形象的重要窗口。该规范的推广和执行不仅可以提升国际社会对中国酒店业的认可度和评价，也能增强国家的国际影响力和国际竞争力，让中国品牌走向世界。

综上所述，《中国旅游饭店行业规范》的制定与实施对于规范酒店行业市场秩序、提

升服务质量、保障消费者权益、促进行业发展、规范行业法规体系以及提升国家形象等方面都具有深远的影响和积极的意义。

知识点测试 2.3

项目小结

本项目介绍了我国酒店行业规范出台的背景、依据与概况，详细解释了我国酒店行业规范的主要内容，并解析了实施酒店行业规范的意义。其中有关我国酒店行业规范的十一项内容为本项目的学习重点。

项目三
酒店星级评定制度

学习目标

知识目标

1. 了解我国酒店星级评定的发展历程，认识到评定标准的变化；
2. 理解酒店星级评定的术语、原则和组织管理；
3. 熟悉星级酒店的评定标准与要求；
4. 掌握星级酒店评定机构与程序；
5. 知晓星级酒店检查和访查的相关工作；
6. 了解星级评定工作的相关文件。

能力目标

1. 能有效应对和跟进酒店星级评定工作；
2. 会进行星级酒店评定的申请工作；
3. 能根据标准进行星级酒店评定的自评自查工作。

素质目标

1. 使学生具备标准意识，认真细致；
2. 使学生具备良好的交流沟通能力；
3. 使学生养成良好的规范意识。

关键概念

旅游饭店（酒店，下同） 星级标志 有限服务酒店 完全服务酒店 复核星级酒店 访查 检查员 神秘客人

案例导入

再添两家，达26家！广州五星级旅游饭店总数全省第一

2023年7月，全国旅游星级饭店评定委员会发布《关于授予广州卓美亚酒店为

五星级旅游饭店的通知》(全国星评办〔2023〕16号)和《关于授予广州黄埔君澜酒店为五星级旅游饭店的通知》(全国星评办〔2023〕17号),广州卓美亚酒店和广州黄埔君澜酒店被评为五星级旅游饭店。记者从广州市文化广电旅游局了解到,截至2023年,广州市共有星级旅游饭店123家,其中五星级26家、四星级29家,高星级旅游饭店的数量和占比不断提升,星级旅游饭店和五星级旅游饭店数量均居全省第一。

2023年,《广州市文化广电旅游局关于推动文化旅游高质量发展"六大行动"工作方案》发布,"六大行动"锚定发展目标,推进更高水平的文化和旅游强市建设。正值暑期旅游旺季,广州新添两家五星级旅游饭店,不仅将推动广州暑期旅游服务质量的全面提升,对广州酒店业高质量发展、建设世界级旅游目的地亦具有积极作用,将提振旅游业复苏振兴。

广州的酒店业在改革开放之初就勇立潮头,位居行业前沿,并在很长一段时间内引领国内酒店行业发展。1990年,国内首次评定五星级饭店,首批三家分别为广州白天鹅宾馆、广州中国大酒店、广州花园酒店,这三家五星级饭店全都来自广州,起步早、高标准、重服务……如今,这些特色早已融入广州酒店业发展的基因中。在三十几年的时间里,广州的星级旅游饭店稳步发展,特色显著,成为各方宾客广州之行的理想下榻之所,贴心周到、细致入微的"广式服务"理念至今依然是国内酒店行业服务的标杆,备受赞誉。广州星级旅游饭店的发展,正是得益于广州这座"千年商都"为星级旅游饭店提供的发展沃土。

近年来,广州在构建世界级旅游目的地方面付出了不懈努力,更进一步助力星级旅游饭店的拓展。借助旅游饭店星级评定,广州不断夯实旅游饭店的"星级阵营",行业整体旅游接待水平得到提升。

2020年至2022年旅游行业蛰伏期,许多精品酒店积极谋求长远发展,通过升级改造达到星级旅游饭店标准。其间,广州南丰朗豪酒店、广州W酒店被评定为五星级旅游饭店,广东温泉宾馆、广州三寓宾馆被评定为四星级旅游饭店。在广州,这些高星级旅游饭店的整体水平显著提升,树立了好口碑,并赢得了住客的喜爱。

(资料来源:羊城晚报。)

思考:1. 你了解国家星级评定制度吗?

2. 为什么我国要开展旅游饭店的星级评定工作?

任务一　了解酒店星级评定制度的发展历程

一、酒店星级评定概述

(一)我国酒店星级评定的历程

截至2023年,我国酒店星级评定制度已实施35周年,我国酒店的星级评定制度既

是我国改革开放的产物，也是我国实现酒店管理与国际标准接轨的重要举措。

改革开放初期，我国旅游饭店发展很快，全国各地在不断更新改造老饭店的同时，陆续兴建了一大批设备较为现代化的酒店。据统计，至 1987 年年底，全国共有能接待境外来华旅游者的酒店 1300 多家，客房约 20 万间。但当时缺乏细致的服务和严格的管理，对这些不断兴建的酒店，无论是旅游者、经营者，还是监管者、投资者，认识都比较模糊。从旅游者角度看，旅游者按照预算去选择饭店，缺乏判定其品质的标准和依据参考；从酒店经营管理者角度看，经营绩效和服务质量的衡量缺乏标准和依据；从政府行业监管者的角度看，检查和监督服务品质无标准和依据可循；从投资者角度看，投资建造饭店也缺乏相应的参照标准和依据。当时的我国酒店行业迫切需要通过标准的引导，为旅游者提供选择参考，为经营者、监管者、投资者提供指导。

正是在这种背景下，为了提高旅游饭店的管理水平，中国旅游饭店协会于 1980 年起开始了对旅游饭店的质量评估，但还未形成全国范围内的质量标准。1987 年 7 月，国家旅游局邀请世界旅游组织专家到中国，先后考察了北京、天津、上海、江苏、浙江、山东、广东、广西等地的 113 家饭店，全面系统地调查研究了我国饭店行业的实际情况，吸收国际经验，结合中国国情，借鉴国际上 15 个国家的酒店标准，拟定了我国旅游涉外饭店星级评定标准的初稿。在经过多轮修改，送国家标准局及世界旅游组织征求意见后，报国务院批准，国家旅游局于 1988 年 8 月 22 日正式颁布了《中华人民共和国旅游(涉外)饭店星级的规定》，并在我国饭店业贯彻实施。

1989 年 6 月 2 日，国家旅游局全国星评委公布第一批星级饭店名单。其中，四星级饭店有广州中央饭店；三星级饭店有广州白云宾馆、广州流花宾馆、吉林南湖宾馆、广州宾馆、广州爱群大酒店、深圳华侨酒店、广州东山宾馆。至此，我国酒店管理开始进入符合国际酒店等级标准的法治轨道。

1993 年，国家旅游局按照中国标准化与信息分类编码，重新修订了既符合国际惯例又符合我国国家标准的星级评定制度。1993 年 9 月 1 日国家技术监督局正式批准并发布了《旅游涉外饭店星级的划分及评定》(GB/T 14308—93)，并于同年 10 月 1 日实施。该标准指出，星级的划分以饭店的建筑、装饰、设施、设备及管理、服务水平为依据，具体的评定方法按照国家旅游局颁布的设施设备评定标准、设施设备的维修保养评定标准、清洁卫生的评定标准、服务质量的评定标准、宾客意见评定标准五项标准执行。旅游涉外饭店的建筑、附属设施和运行管理应符合消防、安全、卫生、环境等现行的有关法规和标准。经过几年的实践，国家旅游局又于 1997 年修订并重新发布了新的《旅游涉外饭店星级的划分及评定》(GB/T 14308—97)，新标准于 1998 年 5 月 1 日起正式实施。随着我国社会经济发展水平和酒店行业的快速发展，2010 年 10 月 18 日中国国家标准化管理委员会发布了《旅游饭店星级的划分与评定》(GB/T 14308—2010)，并规定该标准于 2011 年 1 月 1 日起实施。

相信随着我国旅游业的快速发展和旅游者对品质的要求逐渐提高，中国酒店星级评定标准也会持续不断地进行改进和完善。

(二)酒店星级评定标准的地位与作用

(1)标准有利于规范我国酒店行业的经营管理,提升了酒店行业的服务品质,构建了行业新格局。

(2)标准对我国酒店行业市场形成了强有力的影响,推动了我国星级酒店大步迈向国际化的新境界。

(3)标准已逐渐成为我国酒店行业管理的权威性、技术性抓手,贯穿于我国旅游酒店业的改革发展之中,发挥了不可替代的指导作用。

(4)标准引导下的星级概念已突破酒店行业自身范围为全社会所认同,星级概念已在多行业普遍推广,引领我国服务业的规范化、高品质发展。

二、酒店星级评定的术语界定

新标准《旅游饭店星级的划分与评定》(GB/T 14308—2010)规定了如下术语和定义。

1. 旅游饭店

该标准将旅游饭店(Tourist Hotel)定义为:以间(套)夜为单位出租客房,以住宿服务为主,并提供商务、会议、休闲、度假等相应服务的住宿设施,按不同习惯可能也被称为宾馆、酒店、旅馆、旅社、宾舍、度假村、俱乐部、大厦、中心等。

2. 星级划分

用星的数量和颜色表示旅游饭店的星级。旅游饭店星级分为五个级别,即一星级、二星级、三星级、四星级、五星级(含白金五星级)。最低为一星级,最高为五星级。星级越高,饭店的等级越高。

3. 星级标志

星级标志由长城与五角星图案构成,用一颗五角星表示一星级,两颗五角星表示二星级,三颗五角星表示三星级,四颗五角星表示四星级,五颗五角星表示五星级,五颗白金五角星表示白金五星级。

4. 有限服务酒店和完全服务酒店

一星级、二星级、三星级酒店是有限服务酒店,评定星级时应对酒店住宿产品进行重点评价;四星级和五星级(含白金五星级)酒店是完全服务酒店,评定星级时应对酒店产品进行全面评价。

5. 星级酒店评定条件及有效期

酒店开业一年后可申请评定星级,评定星级时不应因为某一区域所有权或经营权的分离,或因为建筑物的分隔而区别对待,酒店内所有区域应达到同一星级的质量标准和管理要求。

经相应星级评定机构评定后,星级标志使用有效期为三年。三年期满后应进行重新评定。

知识链接

星级标志应置于酒店前厅最明显位置，接受公众监督。酒店星级标志为证明商标，任何单位或个人未经授权或认可，不得擅自制作和使用。同时，任何酒店以“准×星”、“超×星”或者“相当于×星”等作为宣传手段的行为均属违法行为。酒店星级证书和标志牌由全国旅游酒店星评委统一制作、核发。标志牌工本费按照国家相关部门批准的标准收取。

每块星级标志牌上的编号，与相应的星级饭店证书号一致。每家星级饭店原则上只可申领一块星级标识牌。如星级标志牌破损或丢失，应及时报告，经所在省级星评委查明属实后，可向全国星评委申请补发。

星级饭店如因更名需更换星级证书，可凭工商部门有关文件证明进行更换，同时必须交还原星级证书。

三、星评标准的变化

新标准《旅游饭店星级的划分与评定》(GB/T 14308—2010)与《旅游饭店星级的划分与评定》(GB/T 14308—2003)相比，主要技术内容变化如下。

(1)增加了对国家标准 GB/T 16766、GB/T 15566.8 的引用；

(2)更加注重饭店核心产品，弱化了配套设施；

(3)将一二三星级饭店定位为有限服务饭店；

(4)突出绿色环保的要求；

(5)强化安全管理要求，将应急预案列入各星级的必备条件；

(6)提高饭店服务质量评价的操作性；

(7)增加例外条款，引导特色经营；

(8)保留白金五星级的概念，其具体标准与评定办法将另行制订。

四、星级酒店评定的相关文件

(一)《旅游饭店星级的划分与评定》(GB/T 14308—2010)

国家质检总局、国家标准化管理委员会于 2010 年 10 月 18 日批准发布国家标准《旅游饭店星级的划分与评定》(GB/T 14308—2010)(以下简称“新版国家标准”)，新版国家标准于 2011 年 1 月 1 日起实施。新版国家标准规定了旅游饭店星级的划分条件、服务质量和运营规范要求，适用于正式营业的各种旅游饭店。

(二)《旅游饭店星级的划分与评定》(GB/T 14308—2010)实施办法

为适应中国旅游饭店业发展的需要，增强饭店星级评定与复核工作的规范性和科学性，依据中华人民共和国国家标准《旅游饭店星级的划分及评定》(GB/T 14308—2010)，特制定《旅游饭店星级的划分与评定》实施办法。

（三）饭店星评员章程

为确保饭店星级评定工作质量，规范饭店星级评定工作，加强对饭店星级评定人员（以下简称“饭店星评员”）的监督和管理，据《中华人民共和国行政许可法》和《旅游饭店星级的划分与评定》（GB/T 14308—2010），特制定饭店星评员章程。

（四）国家级星评监督员管理规则

2010 年 6 月，根据国家旅游局“三定方案”，为加强对饭店星级评定工作的监督，维护星级标准的权威性，提升星级饭店的服务水准，国家旅游局决定建立国家级星评监督员（以下简称“星评监督员”）队伍。为保证星级饭店服务质量监管工作顺利开展，特制定国家级星评监督员管理规则。

知识链接

其他国家酒店分级制度

序号	国家	分级名称	分级标识	执行机构
1	美国	STR 六级制	Luxury 奢华酒店、Upper Upscale 超高端酒店、Upscale 高端酒店、Upper Mid-scale 中档偏上酒店、Mid-scale 中档酒店、Economy 经济型酒店	Smith Travel Research 史密斯旅游服务研究
2	英国	星级制	五星、四星、三星、二星、一星	皇家汽车俱乐部
3	法国	星级制	五星、四星、三星、二星、一星	政府
4	德国	星级制	五星、四星、三星、二星、一星	饭店旅馆业协会
5	希腊	五级制	A、B、C、D、E	政府
6	西班牙	星级制	五星、四星、三星、二星、一星	政府
7	罗马尼亚	四级制	特级、一级、二级、三级	政府
8	澳大利亚	星级制	五星、四星半、四星、三星半、三星、二星半、二星、一星半、一星	全国饭店与旅游者协会
9	意大利	五级制	豪华、第一、第二、第三、第四	政府与饭店协会
10	挪威	四级制	旅游、城镇、乡村、山区	饭店业协会
11	印度	星级制	五星、四星、三星、二星、一星	政府
12	葡萄牙	二级制	旅游、商业	饭店业协会
13	土耳其	五级制	豪华、第一、第二、第三、第四	政府
14	阿根廷	五级制	豪华、A、B、C、D	政府
15	尼泊尔	星级制	五星、四星、三星、二星、一星	政府和饭店组织
16	南非	星级制	五星、四星、三星、二星、一星	政府
17	瑞士	星级制	五星、四星、三星、二星、一星	政府

知识点测试 3.1

任务二 熟悉酒店星级评定的标准及要求

一、划分条件

根据《旅游饭店星级的划分与评定》(GB/T 14308—2010)标准，将各星级酒店的划分条件分为必备条件、设施设备、饭店运营质量三个方面。

(一)必备条件

必备项目检查表规定了各星级应具备的硬件设施和服务项目。评定检查时，逐项打"√"确认达标后，再进入后续打分程序。

二星级、三星级酒店必备项目包括一般要求、设施、服务等三个项目。但一星级酒店、二星级酒店和在必备项目要求上却较大的差别，星级越高，要求也越多，具体项目数对比如表 3-1 所示。

表 3-1 一、二、三星级酒店必备项目对比表

必备项目/酒店星级	一星级酒店	二星级酒店	三星级酒店
1. 一般要求(项目数)	8	9	11
2. 设施(项目数)	10	15	19
3. 服务(项目数)	6	7	11

四、五星级酒店必备项目包括酒店总体要求、前厅、客房等七项，但因星级酒店和五星级酒店在必备项目的要求上却略有差别，具体项目数对比如表 3-2 所示。

表 3-2 四、五星级酒店必备项目对比表

必备项目/酒店星级	四星级酒店	五星级酒店
1. 酒店总体要求(项目数)	13	13
2. 前厅(项目数)	13	14
3. 客房(项目数)	22	23
4. 餐厅及吧台(项目数)	6	7
5. 厨房(项目数)	10	11
6. 会议及康体设施(项目数)	2	2
7. 公共区域(项目数)	13	13

(二)设施设备

设施设备的要求具体见《旅游饭店星级的划分与评定》的"设施设备评分表"。总分 600 分。

一星级、二星级酒店不做要求,三星级、四星级、五星级酒店规定最低得分线分别为:三星级 220 分,四星级 320 分,五星级 420 分。

(三)酒店运营质量

酒店运营质量的要求具体见《旅游饭店星级的划分与评定》的"饭店运营质量评价表"。总分 600 分。

酒店运营质量的评价内容分为总体要求、前厅、客房、餐饮、其他、公共及后台区域等 6 个大项。评分时按"优"、"良"、"中"、"差"打分并计算得分率。公式为:得分率=该项实际得分/该项标准总分×100%。一星级、二星级饭店不做要求。三星级、四星级、五星级饭店规定各大项最低得分率:三星级 70%,四星级 80%,五星级 85%。

二、服务质量总体要求

除了以上必备条件、设施设备以及酒店运营质量外,《旅游饭店星级的划分与评定》(GB/T 14308—2010)针对星级酒店在服务质量方面做出了总体要求,具体如下。

(一)服务基本原则

(1)对宾客礼貌、热情、亲切、友好,一视同仁。

(2)密切关注并尽量满足宾客的需求,高效率地完成对客服务。

(3)遵守国家法律法规,保护宾客的合法权益。

(4)尊重宾客的信仰与风俗习惯,不损害民族尊严。

(二)服务基本要求

(1)员工仪容仪表应达到:遵守酒店的仪容仪表规范,端庄、大方、整洁;着工装、佩戴工牌上岗;服务过程中表情自然、亲切、热情适度,提倡微笑服务。

(2)员工言行举止应达到:语言文明、简洁、清晰,符合礼仪规范;站、坐、行姿符合各岗位的规范与要求,主动服务,有职业风范;以协调适宜的自然语言和身体语言对客服务,使客人感到尊重舒适;对宾客提出的问题应予耐心解释,不推诿和应付。

(3)员工业务能力与技能应达到掌握相应的业务知识和服务技能,并能熟练运用。

三、管理要求

其次,《旅游饭店星级的划分与评定》(GB/T 14308—2010)针对星级酒店在管理方面做出了相应要求,具体如下。

(1)应有员工手册。

(2)应有酒店组织机构图和部门组织机构图。

(3)应有完善的规章制度、服务标准、管理规范和操作程序。一项完整的酒店管理规范包括规范的名称、目的、管理职责、项目运作规程(具体包括执行层级、管理对象、方式与频率、管理工作内容)、管理分工、管理程序与考核指标等项目。各项管理规范应适时更新,并保留更新记录。

(4)应有完善的部门化运作规范。包括管理人员岗位工作说明书、管理人员工作关系表、管理人员工作项目核检表、专门的质量管理文件、工作用表和质量管理记录等内容。

(5)应有服务和专业技术人员岗位工作说明书,对服务和专业技术人员的岗位要求、任职条件、班次、接受指令与协调渠道、主要工作职责等内容进行书面说明。

(6)应有服务项目、程序与标准说明书,对每一个服务项目完成的目标、为完成该目标所需要经过的程序,以及各个程序的质量标准进行说明。

(7)对国家和地方主管部门和强制性标准所要求的特定岗位的技术工作如锅炉、强弱电、消防、食品加工与制作等,应有相应的工作技术标准的书面说明,相应岗位的从业人员应知晓并熟练操作。

(8)应有其他可以证明酒店质量管理水平的证书或文件。

四、安全管理要求

同时,为了加强管理,《旅游饭店星级的划分与评定》(GB/T 14308—2010)针对星级酒店在安全管理方面做出了一定要求,具体如下。

(1)星级酒店应取得消防等方面的安全许可,确保消防设施的完好和有效运行。

(2)水、电、气、油、压力容器、管线等设施设备应安全有效运行。

(3)应严格执行安全管理防控制度,确保安全监控设备的有效运行及人员的责任到位。

(4)应注重食品加工流程的卫生管理,保证食品安全。

(5)应制定和完善地震、火灾、食品卫生、公共卫生、治安事件、设施设备突发故障等各项突发事件应急预案。

五、其他相关要求

(1)《旅游饭店星级的划分与评定》规定,对于以住宿为主营业务,建筑与装修风格独特,拥有独特客户群体,管理和服务特色鲜明,且业内知名度较高旅游酒店的星级评定,可参照五星级的要求。

(2)饭店星级证书与标志牌的制作与使用。

为了进一步规范使用,《旅游饭店星级的划分与评定》(GB/T 14308—2010)实施办法中第十条明确规定"饭店星级证书和标志牌由全国星评委统一制作、核发。标志牌工本费按照国家相关部门批准的标准收取。"同时办法中第十一条规定:"每块星级标志牌上的编号,与相应的星级饭店证书号一致。每家星级饭店原则上只可申领一块星级标志牌。如星级标志牌破损或丢失,应及时报告,经所在省级星评委查明属实后,可向全国星评委申请补发。

星级饭店如因更名需更换星级证书,可凭工商部门有关文件证明进行更换,同时必须交还原星级证书。"进一步规范了各种情况下饭店星级证书与标志牌的使用要求。图 3-1和图 3-2 分别为四星级和白金五星级酒店标志牌。

图 3-1　中国星级酒店标志牌(四星级)

图 3-2　中国星级酒店标志牌(白金五星级)

知识点
测试 3.2

任务三　掌握星级酒店评定机构与程序

一、星级酒店评定机构与职责

(一)地区星评委

副省级城市、地级市(地区、州、盟)旅游局设地区旅游星级饭店评定委员会(简称“地区星评委”)。地区星评委在省级星评委的指导下,参照省级星评委的模式组建。

(1)组成人员:地区星评委可由地方旅游行业管理部门负责人和旅游饭店协会负责人等组成。

(2)办事机构:地区星评委的办事机构可设在当地旅游局行业管理处(科)或旅游饭店协会。

(3)地区星评委依照省级星评委的授权开展。

(二)省级星评委

各省、自治区、直辖市旅游局设省级旅游星级饭店评定委员会(简称“省级星评委”)。省级星评委报全国星评委备案后,根据全国星评委的授权开展星评和复核工作。

(1)组成人员:省级星评委的组建,根据本地实际情况确定,由地方旅游行业管理部门负责人和旅游饭店协会负责人等组成。

(2)办事机构:省级星评委下设办公室为办事机构,可设在当地旅游局行业管理处或旅游饭店协会。

(3)省级星评委依照全国星评委的授权开展工作。

(三)全国星评委

文化和旅游部设全国旅游星级饭店评定委员会(简称为“全国星评委”)。全国星评委是负责全国星评工作的最高机构。

(1)职能:统筹负责全国旅游饭店星评工作;聘任与管理国家级星评员;组织五星级饭店的评定和复核工作;授权并监管地方旅游饭店星级评定机构开展工作。

(2)组成人员:全国星评委由中国旅游协会领导、中国旅游饭店业协会领导、文化和旅游部监督管理司领导、政策法规司领导、监察局领导、中国旅游协会和中国旅游饭店业协会秘书处相关负责人及各省、自治区、直辖市旅游星级饭店评定委员会主任组成。

(3)办事机构:全国星评委下设办公室,作为全国星评委的办事机构,设在中国旅游饭店业协会秘书处。

各级星评委的职责见表3-3。

表3-3 各级星评委的职责

全国星评委的职责	省级星评委的职责	地区星评委的职责
1.执行饭店星级评定工作的实施办法; 2.授权和督导地方旅游饭店星级评定机构的星级评定和复核工作; 3.对地方旅游饭店星级评定机构违反规定所评定和复核的结果拥有否决权; 4.实施或组织实施对五星级饭店的星级评定和复核工作; 5.统一制作和核发星级饭店的证书、标志牌; 6.按照《饭店星评员章程》要求聘任国家级星评员,监管其工作; 7.负责国家级星评员的培训工作。	1.贯彻执行并保证质量完成全国星评委部署的各项工作任务; 2.负责并督导本省内各级旅游饭店星级评定机构的工作; 3.对本省副省级城市、地级市(地区、州、盟)及下一级星级评定机构违反规定所评定的结果拥有否决权; 4.实施或组织实施本省四星级饭店的星级评定和复核工作; 5.向全国星评委推荐五星级饭店并严格把关; 6.按照《饭店星评员章程》要求聘任省级星评员; 7.负责副省级城市、地级市(地区、州、盟)星评员的培训工作。	1.贯彻执行并保证质量完成全国星评委和省级星评委布置的各项工作任务; 2.负责本地区星级评定机构的工作; 3.按照《饭店星评员章程》要求聘任地市级星评员,实施或组织实施本地区三星级及以下饭店的星级评定和复核工作; 4.向省级星评委推荐四、五星级饭店。

二、星级酒店的申请条件

根据《旅游饭店星级的划分与评定》(GB/T 14308—2010),凡在中华人民共和国境内正式营业一年以上的旅游酒店,均可申请星级评定。经评定达到相应星级标准的酒店,由全国旅游饭店星级评定机构颁发相应的星级证书和标志牌。星级标志的有效期为三年。

申请评定五星级的酒店应在对照《旅游饭店星级的划分与评定》(GB/T 14308—2010)充分准备的基础上,按属地原则向地区星评委和省级星评委逐级递交星级申请材料。申请材料包括:饭店星级申请报告、自查打分表、消防验收合格证(复印件)、卫生许可证(复印件)、工商营业执照(复印件)、饭店装修设计说明等。

同时,根据《旅游饭店星级的划分与评定》(GB/T 14308—2010)实施办法的规定,星级酒店应按照《统计法》和《旅游统计调查制度》的要求,按时向旅游行政管理部门报送相关统计数据。

三、星级酒店的评定流程

(一)提出申请

旅游酒店申请星级,应向相应评定权限的旅游酒店星级评定机构递交星级申请材料;申请四星级以上的酒店,应按属地原则逐级递交申请材料。申请材料包括:酒店星级申请报告、自查自评情况说明及其他必要的文字和图片资料。

(二)受理

接到酒店星级申请报告后,相应评定权限的旅游酒店星级评定机构应在核实申请材料的基础上,于 14 天内做出受理与否的答复。对申请四星级以上的酒店,其所在地旅游酒店星级评定机构在逐级递交或转交申请材料时应提交推荐报告或转交报告。

(三)检查

受理申请或接到推荐报告后,相应评定权限的旅游酒店星级评定机构应在一个月内以明查和暗访的方式安排评定检查。检查合格与否,检查员均应提交检查报告。对检查未通过的酒店,相应星级评定机构应加强指导,待接到酒店整改完成并要求重新检查的报告后,于一个月内再次安排评定检查。对申请四星级以上的酒店,检查分为初检和终检:

(1)初检由相应评定权限的旅游酒店星级评定机构组织,委派检查员以明查或暗访的形式实施检查,并将检查结果及整改意见记录在案,供终检时对照使用;初检合格,方可安排终检。

(2)终检由相应评定权限的旅游酒店星级评定机构组织,委派检查员对照初检结果及整改意见进行全面检查;终检合格,方可提交评审。

(四)评审

接到检查报告后的一个月内,旅游酒店星级评定机构应根据检查员意见对申请星级的酒店进行评审。评审的主要内容有审定申请资格,核实申请报告,认定本标准的达标情况,查验违规及事故、投诉的处理情况等。

(五)批复

对通过评审的酒店,旅游酒店星级评定机构应给予评定星级的批复,并授予相应星

级的标志和证书。对于经评审认定达不到标准的酒店，旅游酒店星级评定机构不予批复。

四、五星级旅游酒店检查特别流程

依据《旅游饭店星级的划分与评定》(GB/T 14308—2010)，对于申请五星级的旅游酒店，在上述的检查环节中将更为严格，具体流程如下。

(一)申请

申请评定五星级的酒店应在对照《旅游饭店星级的划分与评定》(GB/T 14308—2010)充分准备的基础上，按属地原则向地区星评委和省级星评委逐级递交星级申请材料。申请材料包括：酒店星级申请报告、自查打分表、消防验收合格证(复印件)、卫生许可证(复印件)、工商营业执照(复印件)、酒店装修设计说明等。

(二)推荐

省级星评委收到酒店申请材料后，应严格按照《旅游饭店星级的划分与评定》(GB/T 14308—2010)的要求，于一个月内对申报酒店进行星评工作指导。对符合申报要求的酒店，以省级星评委名义向全国星评委递交推荐报告。

(三)审查与公示

全国星评委在接到省级星评委推荐报告和酒店星级申请材料后，应在一个月内完成审定申请资格、核实申请报告等工作，并对通过资格审查的酒店，在中国旅游网和中国旅游饭店业协会网站上同时公示。对未通过资格审查的酒店，全国星评委应下发正式文件通知省级星评委。

(四)宾客满意度调查

对通过五星级资格审查的酒店，全国星评委可根据工作需要安排宾客满意度调查，并形成专业调查报告，作为星评工作的参考意见。

(五)国家级星评员检查

全国星评委发出《星级评定检查通知书》，委派两到三名国家级星评员，以明查或暗访的形式对申请五星级的饭店进行评定检查。评定检查工作应在36—48小时内完成。检查未予通过的饭店，应根据全国星评委反馈的有关意见进行整改。全国星评委待接到饭店整改完成并申请重新检查的报告后，于一个月内再次安排评定检查。

(六)审核

检查结束后一个月内，全国星评委应根据检查结果对申请五星级的酒店进行审核。审核的主要内容及材料有：国家级星评员检查报告(须有国家级星评员签名)、星级评定检查反馈会原始记录材料(须有国家级星评员及酒店负责人签名)、依据《旅游饭店星级的划分与评定》(GB/T 14308—2010)打分情况(打分总表须有国家级星评员签名)等。

（七）批复

对于经审核认定达到标准的酒店，全国星评委应做出批准其为五星级旅游酒店的批复，并授予五星级证书和标志牌。对于经审核认定达不到标准的酒店，全国星评委应做出不批准其为五星级酒店的批复。批复结果在中国旅游网和中国旅游饭店业协会网站上同时公示，公示内容包括酒店名称、全国星评委受理时间、国家级星评员评定检查时间、国家级星评员姓名、批复时间。

（八）申诉

申请星级评定的酒店对星评过程及其结果如有异议，可直接向文化和旅游部申诉。文化和旅游部根据调查结果予以答复，并保留最终裁定权。

（九）抽查

国家旅游局（文化和旅游部）根据《国家级星评监督员管理规则》，派出国家级星评监督员随机抽查星级评定情况，对星评工作进行监督。一旦发现星评过程中存在不符合程序的现象或检查结果不符合标准要求的情况，国家旅游局可对星级评定结果予以否决，并对执行该任务的国家级星评员进行处理。

此外，按照《旅游饭店星级的划分与评定》（GB/T 14308—2010）实施办法，对于以住宿为主营业务、建筑与装修风格独特、拥有独特客户群体、管理和服务特色鲜明，且业内知名度较高旅游饭店的星级评定，可按照第十六条要求的程序申请评定五星级酒店。

案例

知识点测试 3.3

缙云锦江国际大酒店圆满完成五星级旅游酒店国家级终评

2023 年 8 月 13 日—15 日，国家级星评员王威、向斌一行莅临缙云锦江国际大酒店开展五星级旅游酒店国家级评定。浙江省文旅厅市场管理处副处长、市文广旅体局党组成员（专职副队长）及市场管理和行政审批处处长、县人民政府副县长、县文广旅体局局长等陪同。至此，缙云锦江国际大酒店圆满完成五星级旅游酒店国家级终评实地评审工作。

8 月 14 日上午，星评组召开终评汇报会。会上，酒店总经理潘卫明从缙云概况、酒店概况、经营业绩、管理现状、创建过程等方面做详细汇报。星评组听取汇报后，分别从运营成本、人资管理、安全生产等方面进行提问，酒店相关部门负责人现场一一作答。会后，星评组对照《旅游饭店星级的划分与评定》（GB/T 14308—2010）标准，先后对酒店的大堂、商务中心、行政酒廊、客房、中餐厅、特色餐厅、宴会厅、健身中心、残疾人设施、公共卫生间等对客服务功能区域和相关的设施进行检查。对总机、电话预订、洗衣等服务以及员工后勤区域、工程机房、消防监控室等重要保障部位进行了认真检查和评估。同时分别向员工和管理人员了解、询问有关服务程序、培训情况、安全应急预案、产品知识及管理系统运行情况，并查阅了酒店

在携程、美团、飞猪等OTA在线旅游平台的顾客点评等情况，对酒店有了较为全面的了解。

8月14日晚，星评组召开缙云锦江国际大酒店五星级旅游酒店终评反馈会。会上，星评组对酒店的硬件设施、服务程序、服务品质、创星工作等给予了充分的肯定，并结合入住体验、评定标准等逐一反馈存在的不足和亟待提升的方面。

缙云锦江国际大酒店总经理潘卫明首先代表酒店作表态发言。他表示，会后将立刻认真梳理星评组提出的问题和意见，制定整改措施、落实责任部门，全员参与，坚持对标对表，按时完成整改，不断提升酒店精细化管理水平。丽水市文广旅体局市场管理和行政审批处处长从对标对表抓问题梳理和整改、软硬件提质等方面提出了具体要求。县人民政府副县长首先代表县委县政府感谢星评专家的认真、细致、专业的指导，感谢各级领导对缙云锦江国际大酒店五星创评工作的关心和帮助，并对酒店和县文广旅体局提出三点期望和建议。她强调，要始终坚持标准这条底线、坚持品质这条主线、坚持创新这条生命线，全面提升服务质量，为全市旅游业及全省星级饭店业的高质量发展做出积极贡献。

最后，浙江省文旅厅市场管理处副处长作总结发言。他高度肯定了酒店五星创建成果，并就下步工作提出了具体要求：一是要以照单全收的姿态做好整改工作；二是要以争创一流的劲头提升服务品质，做到心中有标准、眼中有问题、手里抓落实、管理有制度；三是要以更上一层楼的精神推进文旅融合。

（资料来源：缙云智慧旅游。）

任务四　熟悉酒店星级检查制度

为适应中国旅游酒店业发展的需要，增强酒店星级评定与复核工作的规范性和科学性，依据中华人民共和国《旅游饭店星级的划分与评定》（GB/T 14308—2010），特制定相应的实施办法。各级旅游酒店星级评定机构应严格按照本办法的相关要求，开展酒店星级评定与复核工作。

一、星评员的任职与管理

根据《中华人民共和国行政许可法》和《旅游饭店星级的划分与评定》（GB/T 14308—2010），为确保酒店星级评定工作质量，规范酒店星级评定工作，加强对酒店星级评定人员的监督和管理，特制定了《饭店星评员章程》。章程中对星评员的划分和任职条件等方面都做了明确规定。

（一）星评员的划分

酒店星评员分为：国家级星评员、地方级星评员（含省级和地市级）和星级酒店内审

员。国家级星评员和地方级星评员主要由政府行业管理人员、酒店高级管理人员和有关专家学者组成。

(二)星评员基本条件

(1)有较高的政策水平和较强的法制观念,具有良好的思想品德和职业操守;

(2)有丰富的酒店业务知识,全面掌握《旅游饭店星级的划分与评定》(GB/T 14308—2010);

(3)有较高的分析判断能力和口头、文字表达能力;

(4)有严谨、科学的工作作风。

(三)星级酒店内审员的任职条件

根据《饭店星评员章程》规定,星级酒店内审员应由本酒店的中高级管理人员担任。

(四)地方级星评员的任职条件

根据《饭店星评员章程》规定,担任地方级星评员的人员在符合星评员基本条件的前提下,还应符合以下任意一项要求:

(1)具有较为丰富经验的酒店行业管理人员;

(2)在星级酒店连续担任高级管理职务五年以上,且任期内酒店经营业绩良好,在本省(自治区、直辖市)业内具有一定声誉的在职经理人;

(3)理论水平较高,在酒店业具有一定影响力的理论工作者。

(五)国家级星评员的人员的任职条件

根据《饭店星评员章程》规定,担任国家级星评员的人员在符合基本条件的前提下,还应符合以下任意一项要求:

(1)在省级以上旅游管理部门(含旅游协会)工作的行业管理人员;

(2)在四星级以上(含四星级)酒店连续担任高级管理职务五年以上,且任期内酒店经营业绩良好,在业内具有一定声誉的在职经理人;

(3)理论水平较高,在酒店业具有一定影响力的理论工作者。

(六)星评员的工作守则

(1)服从相应星评委的安排,认真履行星评员的各项职责;

(2)按规定时间抵达受检酒店,主动出示相关证件和《星级评定/复核检查通知书》;

(3)在受检酒店工作时间应不少于相关规定的要求;

(4)不得以个人理解随意解释标准,不得做超越权限的评论和表态;

(5)检查期间要着正装,保持衣履整洁、举止文明、谦虚谨慎,尊重受检酒店的员工;

(6)在保证检查效果的前提下,提倡节俭,反对铺张;

(7)不得向受检酒店提出与检查无关的要求,不得为个人或亲属谋取私利。受检酒店可就任何星评员的违规行为向相应星评委举报,星评委经调查核实后可进行查处。

知识链接

《旅游饭店星级的划分与评定》(GB/T 14308—2010)实施办法
——酒店星评员工作“十不准”

一、国家级星评员工作“十不准”

1. 不准收受酒店赠送的现金、有价证券(卡)、纪念品或礼物。

2. 不准对酒店提出检查项目之外的额外要求,或出现酗酒等影响星评员形象的行为。

3. 不准降低星级酒店检查标准和简化星级酒店检查评定程序,或以自己的好恶来随意解释和评判星级标准。

4. 不准向地方星评机构和受评酒店就酒店是否通过评定发表意见。

5. 不准接受酒店所在地政府和旅游部门,以及受评酒店安排的店外宴请。

6. 不准带随从、助手等其他人员一同参与星评工作或代替星评工作。

7. 不准在暗访检查中以任何方式向地方星评机构、酒店及其他相关人员泄露自己的真实身份、行程安排和检查情况。

8. 不准请酒店或地方星评机构代为评定打分、撰写和邮寄检查报告。

9. 不准以辅导、咨询、培训、管理等名义向酒店推荐或洽谈与星评工作无关的业务事宜,或向酒店打听与星评工作无关的商业秘密。

10. 不准要求、暗示和接受地方星评机构与受评酒店安排与星评工作无关的旅游及其他休闲娱乐活动。

二、地方星评机构及受评五星级酒店评定工作“十不准”

1. 不准提供与酒店星级评定相关的虚假信息。

2. 不准向星评员提出或暗示降低星级标准、简化检查程序的要求。

3. 不准以评审费、专家咨询费等任何名义向星评员支付现金,赠送有价证券(卡)和礼物。

4. 不准举办针对星评员的专门的欢迎仪式(设置横幅和标牌、鲜花等)。

5. 不准超规格安排星评员住房(只按一个标准房和一个普通套房安排房间),或在星评员的房间内做超常布置或放置超常规客用品。

6. 不准为星评员安排店外宴请。

7. 不准为星评员谋取私利提供便利。

8. 不准为星评员专门安排与星评工作无关的游览活动。

9. 不准以任何方式打听暗访检查星评员的姓名、行程安排和检查情况。

10. 不准代替星评员评定打分、撰写和邮寄检查报告。

二、星评监督员的任职与管理

2010 年 6 月,根据国家旅游局“三定方案”,为加强对酒店星级评定工作的监督,维

护星级标准的权威性,提升星级酒店的服务水准,国家旅游局决定建立国家级星评监督员(以下简称"星评监督员")队伍。为保证星级酒店服务质量监管工作顺利开展,特制定了《国家级星评监督员管理规则》。

(一)星评监督员的组织机构和选聘条件

根据《国家级星评监督员管理规则》,星评监督员由国家旅游局(现文化和旅游部)负责选聘。接受国家旅游局的委派,承担全国范围内的星级酒店暗访和其他检查工作。

星评监督员主要由政府行业管理人员、酒店中高级管理人员和有关专家学者组成。

(二)星评监督员基本条件

(1)有较高的政策水平和较强的法制观念,具有良好的思想品德和职业操守。

(2)有丰富的酒店业务知识,全面掌握《旅游饭店星级的划分与评定》(GB/T 14308—2010)《星级饭店访查规范》(LB/T 006—2006)及其他相关标准。

(3)有较高的分析判断能力和口头、文字表达能力。

(4)有严谨、科学的工作作风。

(三)星评监督员的任职条件

根据《国家级星评监督员管理规则》,担任星评监督员的人员在符合基本条件的前提下,还应至少符合以下任意一项要求:

(1)在省级、地级旅游管理部门(含旅游协会)工作的行业管理人员;

(2)在四星级以上(含四星级)酒店连续担任中、高级管理职务三年以上,且任期内酒店服务质量良好,在业内具有一定声誉的在职经理人;

(3)理论水平较高,在酒店业具有一定影响力的理论工作者。

(四)星评监督员的工作要求

(1)根据《国家级星评监督员管理规则》,星评监督员在国家旅游局有组织有计划的安排下,主要以暗访方式对星级酒店或者正在申报星级的酒店进行检查。未经国家旅游局授权,不得随意实施对星级酒店的检查工作。

(2)星评监督员必须严格按照《旅游饭店星级的划分与评定》(GB/T 14308—2010)《星级饭店访查规范》(LB/T 006—2006)《星级饭店暗访检查制度》和酒店星评工作"十不准"等有关标准和制度实施检查工作。

(3)星评监督员应在结束检查后一周内,向国家旅游局提交书面检查报告和相关照片(或录像录音资料)。检查报告应观点鲜明、格式规范、条理清晰,具有较强的针对性和指导性。

(五)星评监督员的管理

(1)星评监督员应服从国家旅游局合理的工作安排,认真履行工作职责,接受国家旅游局的检查、监督和管理。

(2)国家旅游局对星评监督员的工作量、工作态度和工作质量进行详细记载和考

核，作为是否续聘的重要依据。

(3)星评监督员每届任期为两年。对任期内表现优秀的星评监督员，国家旅游局可进行续聘。对任期内不能履行其职责或玩忽职守的星评监督员，国家旅游局将予以解聘。

(4)任期内的星评监督员一旦离开与行业相关的工作岗位，其星评监督员资格自行取消，空缺名额由国家旅游局按照任职条件重新选聘。

(5)星评监督员由国家旅游局统一颁发和制作证书。

(6)星评监督员的培训、考评由国家旅游局负责。

三、酒店星级评定前的检查

酒店星级评定机构在接到酒店提出的正式申请后，委派检查员对酒店进行检查。旅游酒店星级评定检查员在认真研究《酒店星级申请报告》，掌握被评定酒店的概况和特点，并准确填写其中有关部分后，听取酒店领导介绍，并由店方派人陪同，根据《旅游饭店星级的划分与评定》，实地检查酒店所申请星级的必备条件，包括设施设备、酒店的维修保养和清洁卫生。

根据《旅游饭店星级的划分与评定》标准，采用明查、暗访、普查、抽查的方法，检查酒店的服务质量。根据宾客意见评定标准，发放、回收宾客意见表。

按照《旅游饭店星级的划分与评定》，核实、统计各项目的实得分数和得分率。星级评定检查员与被评定酒店交换意见，肯定其长处，指出其存在的问题，并向星级评定机构汇报检查情况，提出客观的评定意见。

四、星级复核及处理

(一)星级复核要求

星级复核是星级评定工作的重要组成部分，其目的是督促已取得星级的饭店持续达标，其组织和责任划分完全依照星级评定的责任分工。按照《旅游饭店星级的划分与评定》，星级复核分为年度复核和三年期满的评定性复核。

年度复核工作由饭店对照星级标准自查自纠，并将自查结果报告相应级别星评委，相应级别星评委根据自查结果进行抽查。

评定性复核工作由各级星评委委派星评员以明查或暗访的方式进行。

各级星评委应于本地区复核工作结束后进行认真总结，并逐级上报复核结果。

(二)星级复核不达标的处理

对复核结果达不到相应标准的星级饭店，相应级别星评委根据情节轻重给予限期整改、取消星级的处理，并公布处理结果。对于取消星级的饭店，应将其星级证书和星级标志牌收回。

整改期限原则上不能超过一年。被取消星级的酒店，自取消星级之日起一年后，方可重新申请星级评定。

接受评定性复核的星级饭店，如其正在进行大规模装修改造，或者其他适当原因而致使暂停营业，可以在评定性复核当年年前提出延期申请。经查属实后，相应级别星评委可以酌情批准其延期一次。延期复核的最长时限不应超过一年，如延期超过一年，须重新申请星级评定。

为保障星级复核的公平公正，国家旅游局根据《国家级星评监督员管理规则》，派出国家级星评监督员随机抽查年度复核和评定性复核情况，对复核工作进行监督。一旦发现复核过程中存在不符合程序的现象或检查结果不符合标准要求的情况，国家旅游局可对星级复核结果予以否决。

(三)星级复核不达标的依据

《旅游饭店星级的划分与评定》(GB/T 14308—2010)实施办法规定，对星级饭店的复核结果进行处理的具体依据。

(1)凡被复核饭店出现以下情况，相应级别星评委应做出“限期整改”的处理意见：

三星级：“必备项目检查表”达标，但“设施设备评分表”得分低于220分但高于180分，或“饭店运营质量评价表”得分率低于70%但高于60%。

四星级：“必备项目检查表”达标，但“设施设备评分表”得分低于320分但高于280分，或“饭店运营质量评价表”得分率低于80%但高于70%。

五星级：“必备项目检查表”达标，但“设施设备评分表”得分低于420分但高于380分，或“饭店运营质量评价表”得分率低于85%但高于75%。

(2)凡被复核饭店出现以下任何一种情况，相应级别星评委应做出“取消星级”的处理意见：

一星级：“必备项目检查表”不达标；发生重大事故，或遭遇重大投诉事件并被查实，造成恶劣影响；停止饭店经营业务或停业装修改造一年以上。

二星级：“必备项目检查表”不达标；发生重大事故，或遭遇重大投诉事件并被查实，造成恶劣影响；停止饭店经营业务或停业装修改造一年以上。

三星级：“必备项目检查表”不达标；“必备项目检查表”达标，但“设施设备评分表”得分低于180分；“必备项目检查表”达标，但“饭店运营质量评价表”得分率低于60%；发生重大事故，或遭遇重大投诉事件并被查实，造成恶劣影响；停止饭店经营业务或停业装修改造一年以上。

四星级：“必备项目检查表”不达标；“必备项目检查表”达标，但“设施设备评分表”得分低于280分；“必备项目检查表”达标，但“饭店运营质量评价表”得分率低于70%；发生重大事故，或遭遇重大投诉事件并被查实，造成恶劣影响；停止饭店经营业务或停业装修改造一年以上。

五星级：“必备项目检查表”不达标；“必备项目检查表”达标，但“设施设备评分表”得分低于380分；“必备项目检查表”达标，但“饭店运营质量评价表”得分率低于75%；发生重大事故，或遭遇重大投诉事件并被查实，造成恶劣影响；停止饭店经营业务或停业装修改造一年以上。

案例

南京中琅假日酒店四星级旅游酒店复核圆满成功

2023 年是南京中琅假日酒店为四星级酒店的第十个年头，也是继 2017 年后的第二次评定性复核。为进一步落实做好此次工作，酒店成立了由总经理担任组长，各部门负责人任组员的专项工作组，并进行了专题动员部署，引导酒店全员积极投入星评复核各项工作中，以积极的心态、认认真真开展自查自纠。

2023 年 8 月 10 日，中琅假日酒店迎来了省、市文旅局的领导以及星评员专家，为期两天的四星级评定性复核工作正式开始。

在专项工作会议上，按照四星级酒店复核验收程序，酒店总经理胡强首先汇报了酒店基本经营情况、基础管理以及四星级复核准备情况。检查组一行对照《旅游饭店星级的划分与评定》标准，对酒店前厅、客房、餐饮、工程、消防安全及员工后勤等各区域的硬件设施、服务规范以及基础管理台账进行细微、全面的检查和评分。

在复核反馈会上，两位星评员对酒店管理与特色服务等方面予以充分肯定，也针对酒店设施、设备及服务细节方面存在的不足之处提出了建议和意见。最后评审意见一致认为南京中琅假日酒店符合四星级酒店的标准，此次酒店四星级复核达标。

星评复核不仅是对酒店综合状态的一次考核，更是提升酒店品质的良好契机。会上，总经理胡强表示，对于星评组提出的专业意见建议，酒店将立即落实整改并贯彻到日常经营管理中，确保获得综合性提升。

“星级酒店”是一个品牌，更是一份承诺。中琅假日酒店将始终秉承殷勤好客，主动高效，无微不至，服务好每一位宾客，始终按照星级酒店的服务宗旨，强化星级服务意识，竭力提高品质，努力打造一座精品四星级酒店。

五、星级酒店访查规范的基本要求

《星级酒店查访规范》规定了接受各级旅游星级饭店评定机构委派的访查人员，对星级饭店进行一系列质量检查活动的依据和要求。该标准适用于我国已评定星级的旅游饭店。其基本要求是：

(1)坚持随机抽查；

(2)不提前通知的检查；

(3)以顾客和专家身份对服务质量进行监控；

(4)保证检查的有效性和客观性。

同时，《星级酒店查访规范》中还明确提出如下要求：

(1)访查员为接受各级旅游星级饭店评定机构的委派，以“神秘客人”方式入住被访查饭店的质量检查人员。对饭店进行明查时，访查员应以普通旅客的身份入住饭店；对饭店进行暗访检查时，应不通报身份，更不得在店检查期间暴露真实身份。参加访查的访查员均应为 2～3 人，访查住店时间不得低于 24 小时，不得高于 72 小时。

（2）当然，访查对象为已进行星级评定并获得相应星级的旅游饭店。星级饭店按照星级标准的规定接受复核访查，特殊情况下，由全国旅游星级饭店评定机构安排不定期访查。访查结束后限期整顿的饭店在整顿期完成后半年内接受一次访查。

六、星级酒店访查的概念和方式

（一）星级酒店访查（Star-Rated Hotel Inspection）的概念

星级酒店访查是具备检查资格的专业人员受各级旅游星级酒店评定机构委派，以普通客人身份入住酒店，针对已评定星级酒店落实和执行星评标准的情况进行检查，或在不通知酒店管理方具体检查时间的情况下，以“神秘客人”的形式对酒店质量进行暗访的一系列检查活动。

（二）星级酒店访查的方式

星级酒店访查有明查和暗访两种方式。访查员对酒店进行明查时，应以普通旅客的身份入住酒店；访查员对酒店进行暗访检查时，应不通报身份，在店检查期间亦不得暴露真实身份。

神秘客人（Mysterious Shopper）指持有各级旅游星级酒店评定机构的有关委派证件，以普通旅客身份入住酒店，不通报身份，在店检查期间亦不暴露真实身份的访查人员。

七、星级酒店访查的权限及程序

（一）星级酒店访查的权限

（1）白金五星和五星级酒店由全国旅游星级酒店评定机构委派访查员进行访查。

（2）四星级及其以下星级酒店由省（自治区、直辖市）旅游星级酒店评定机构委派访查员进行访查。

（3）全国旅游星级酒店评定机构可酌情授权辖区内的地、市或优秀旅游城市的旅游星级酒店评定机构委派访查员进行三星级及以下星级酒店的访查。

（4）全国旅游星级酒店评定机构每年不定期对四星级以下的酒店进行抽样访查。

（二）星级酒店访查的程序

（1）参加访查的人员均应为 2—3 人，并以普通住店客人住店，访查对象为已进行星级评定并获得相应星级的旅游酒店，重点针对酒店前厅、客房、餐饮等核心产品进行访查并进行打分。

（2）访查结束时，访查员向酒店管理方出具相应旅游星评酒店评定机构签发的访查通知书和本人的星评员检查证，由店方报销往返交通费和住店期间的费用（仅限于访查人员个人以访查为目的的消费），同时访查员当面向酒店高层管理人员反馈访查情况。

（3）在针对直接对客部门的访查结束后，若访查员认为必要，可公开身份，要求检查

酒店后台部门的服务情况及酒店的整体质量监控情况。

(4)访查结束后，在7个工作日以内整理访查打分情况，完成访查报告，向相应星级酒店评定机构汇报访查情况。

(5)各级星级评定机构根据访查报告在一个月内对酒店下达处理意见，做出奖惩决定。

八、星级酒店访查结果管理

访查结束后，各级旅游星级酒店评定机构应向被查酒店反馈访查情况，并做出相应处理，访查处理结果应逐级上报更高一级星评机构。各省级旅游星级酒店评定机构每半年一次将本辖区星级酒店的访查结果及处理意见上报全国旅游星级酒店评定机构。

(一)访查结果达标酒店的奖励

(1)口头表扬。

(2)通报表扬。

(3)酒店申请更高星级评定时予以加分。

(4)在评选各个级别的最佳酒店时予以加分。

(二)访查结果未达标酒店的处理

(1)口头提醒。

(2)书面警告。

(3)通报批评。

(4)限期整顿。

(5)降低星级或取消星级。

各级旅游星级酒店评定机构对星级酒店进行处理的责任分工依照星级评定的权限划分办理。全国旅游星级酒店评定机构保留对各星级酒店访查结果的终审权。酒店接到口头批评、警告通知书、通报批评、限期整顿或降低星级的通知后，必须认真整改并在规定期限内将整改情况报告相应旅游星级酒店评定机构。

案例

全国5家酒店被取消五星级酒店资格

全国旅游星级饭店评定委员会发布2020年第3号公告。该公告称，根据文化和旅游部市场管理司委派专家对19家限期整改到期五星级酒店的复查意见。14家整改达标，5家整改不达标取消五星级酒店资格。

据全国旅游星级饭店评定委员会下发给广东省旅游星级饭店评定委员会的通

知内容显示，广东省有4家酒店限期整改12个月期限已满。经文化和旅游部委派专家复查，这4家酒店整改措施不到位，未达到五星级旅游酒店的标准。根据文化和旅游部委派专家的复查意见，取消4家酒店的五星级旅游酒店资格。广东省旅游星级饭店评定委员会协助将该饭店的五星级标牌和证书一并收回。

知识点测试3.4

项目小结

本项目依据《旅游饭店星级的划分与评定》(GB/T 14308—2010)，介绍了我国酒店星级评定管理的演变历程以及评定标准的变化，详细解释了酒店星级评定的术语、原则和组织管理方法，星级酒店的划分条件与要求，重点介绍了酒店星级的申请条件、评定机构和评定流程，以及星级酒店检查和访查的相关工作。

项目四
酒店与其客人的权利和义务

学习目标

知识目标

1. 知道酒店与客人的权利义务关系的产生、变更、消灭；
2. 掌握酒店对客人的权利和义务；
3. 掌握酒店客人的权利和义务。

能力目标

1. 能依法保护酒店和客人的权利；
2. 能妥善处理客人赔偿酒店损失的事宜；
3. 能妥善处理对客服务的纠纷事宜。

素质目标

1. 培养学生良好服务意识；
2. 培养学生交流沟通能力；
3. 培养学生法律意识。

关键概念

警示　告知　自主选择权　求偿权　遗留物品　人身自由权　个人隐私权　监督权　公平交易权　知悉权　受尊重权

案例导入

7月7日，市民李某和亲友饮酒后，独自出门乘坐出租车，由出租车师傅将其扶到某酒店岗亭。之后李某于7月8日凌晨在该酒店持自己的身份证办理登记并入住。登记后该酒店前台工作人员小清发现李某有醉酒表现，走路有些摇晃但意识清醒，李某上楼后又来来回回到酒店大堂几次，小清认为李某可能找不到自己的房间，于是扶着李某上楼并将其送回房间。其间,李某因家庭琐事有心理情绪喊小清陪他一起出去喝酒解闷,碍于情面小清当时勉强答应,于是两人又回到酒店大厅。小清以自己要上班为由婉拒李某的喝酒邀请,李某便在大厅和小清聊了一会儿天,后李某觉得有些疲倦便直接上楼进房间睡觉了。7月8日早上,李某妻子发现李某不在家又多方寻找未果,但发现李某的手机留在家中。13时41分,酒店前台工作人员拨打李某电话,询问是否退房或续房,李某妻子方得知李某在该酒店。李某妻子立即向酒店询问李某情况,酒店以保护客人隐私为由未予透露。14时16分酒店联系李某的舅舅,告知李某在其酒店,目前呼吸困难,叫家属赶紧过去,同时,酒店立即拨打120和110对李某进行救助。随后李某被送至市人民医院抢救治疗,7月10日出院,住院2天,住院病案显示李某为严重酒精中毒。7月10日李某被送至另一家中心医院治疗,经抢救无效于7月21日死亡。李某父母、妻子和子女诉至法院,请求酒店和市人民医院共同赔偿原告各项损失一百余万元。

思考:1.请问在该案例中酒店是否已履行相应的权利和义务?

2.客人在酒店中的权利和义务有哪些?

任务一 了解酒店与其客人之间法律关系的产生、变更与消灭

一、法律关系的产生

法律关系处在不断地产生、变更和消灭的运动过程当中。它的产生、变更和消灭,需要一定的条件。酒店与其客人之间法律关系的产生、变更与消灭也需要一定的条件,其中最主要的条件便是:法律规范和法律事实。

(一)法律规范

法律规范是法律关系形成、变更和消灭的法律依据,没有一定的法律规范就不会有相应的法律关系。但法律规范的规定只是主体权利和义务关系的一般模式,不是现实的法律关系本身。法律关系的形成、变更和消灭还必须具备直接的前提条件,这就是法律事实。它是法律规范与法律关系联系的中介。

(二)法律事实

法律事实指法律规范所规定的、能够引起法律关系产生、变更和消灭的客观情况或现象。依据是否以人们的意志为转移的标准,可以将法律事实大体上分为两类,即法律事件和法律行为。

1.法律事件

法律事件指法律规范规定的、不以当事人的意志为转移而引起法律关系形成、变更

或消灭的客观事实。法律事件又分成社会事件和自然事件两种。社会事件如社会革命、战争等,自然事件如人的生老病死、自然灾害等。

2. 法律行为

法律行为指具有法律意义和属性,能够引起一定法律后果的行为。

二、酒店与其客人之间法律关系的产生

从法律意义上来看,酒店与消费者之间实际上是一种平等主体之间的合同关系,这一点在理论界和实务界已经达成了共识。酒店与酒店客人之间的法律关系应当遵循相关法律的一般原则。酒店与酒店客人之间的法律关系的产生、变更与消灭的主要原因是合同关系,其权利义务基于合同规定产生和终止。酒店对所有使用其设施服务的人均负有义务,但因来宾身份不同(例如,进酒店就餐者、来酒店商场购物者、租房户、娱乐场所游玩者、一般办事者等),酒店承担的义务不同。

(一)酒店与其客人之间法律关系的产生

对于住店客人来说,当客人来到酒店提出住店的要求,即客人向酒店发出住宿要约,酒店为客人办理了住宿登记手续并且将酒店客房钥匙给客人,即酒店承诺了客人要求住宿的要约,客人就具有了酒店客人的身份,这就是法律意义上的酒店客人。那么如果客人对酒店发出了就餐或进行其他消费的要约,而酒店又接受了这一要约,这就表明酒店和住店客人之间的合同关系正式成立了。酒店与住店客人之间的合同关系成立后,他们之间的法律关系就产生了,他们之间的权利义务关系也随着相关合同的产生而产生。

酒店与客人以及酒店和其他法律关系主体之间的合同一经成立,便具有法律义务,并享有一定的权利。如果合同当事人一方或双方未按合同规定履行义务,就应承担相应的法律责任。

(二)酒店与其客人之间权利义务关系的产生

酒店与其客人之间的权利义务关系是通过住宿合同或其他相关合同而产生的。合同是当事人之间建立、变更、终止民事权利义务关系的法律行为。在这种情况下,酒店和客人以及酒店和其他法律主体之间的合同一旦成立,就会产生相应的权利和义务。

酒店与客人之间的合同通常涉及提供住宿设施、饮食服务和其他附加服务的协议。合同当事人必须相互达成一致,并做出相应的意思表示才能成立合同。一旦合同成立,双方都有法律上的义务要履行,并享有一定的权利。

知识链接

法国《民法典》规定,酒店与旅客之间的法律关系是通过酒店合同的方式来体现的。正规经营的酒店有偿地向旅客暂时提供住宿场所并为之服务,双方同意承担相应义务,享受相应权利的契约即是酒店合同。国际私法统一协会《关于旅馆合同的协定草案》第三条第一款规定:"酒店合同在一方明确表示接受另一方提出的要约时即告成立。"

三、酒店与其客人之间法律关系的变更

酒店法律关系的变更指的是其主体、客体和内容的变更。由于主体的增加、减少或变化，客体范围或性质的改变，都会引起相应的权利或义务变化。同其他法律关系一样，酒店法律关系的变更绝不是随意的，它受到了法律的严格限制。除不可抗力或主体间事先协商取得一致以外，不得随意变更法律关系，否则要承担相应的法律责任。

四、酒店与其客人之间法律关系的消灭

1. 结账终止

住店客人到达酒店前台结账处，提出退房要求，酒店出示账单，双方无异议，客人签单付费后，酒店和酒店客人或消费者的法律关系随即终止。

2. 合同终止

团队客人、会议客人、常住客人等通过合同的方式产生的法律关系，合同一经确定，双方的法律关系按照合同约定的时间终止。

3. 违约终止

酒店客人或消费者和酒店如果有一方严重违反了合同的约定，经指出后仍不能达到约定的要求，另一方可随时终止合同。

4. 驱逐终止

合同必须符合国家法律法规的规定，违反国家法律法规的，《民法典》一律不予保护。如《旅馆业治安管理办法》第十二条规定："旅馆内，严禁卖淫、嫖宿、赌博、吸毒、传播淫秽物品等违法犯罪活动。"该办法第十七条规定："违反本办法第六、十一、十二条规定的，依照《中华人民共和国治安管理处罚条例》有关条款的规定，处罚有关人员。"

知识点测试 4.1

任务二　掌握酒店对其客人的权利和义务

一、酒店对其客人的权利

（一）酒店有向其客人收取住宿费和合法或约定的服务费的权利

酒店向顾客提供住宿客房及相关配套服务，酒店客人有义务承担住宿费和法律允许或双方约定的服务费用（如餐饮、洗衣、电话等费用）。如果顾客单方面无正当理由拖延付款或拒绝付款超过一定期限，酒店有权利终止住宿合同，拒绝向该客人提供服务，并有权利要求其支付应当支付的款项，同时得到法律的保护。

在我国《民法典》中，有关于留置权的规定。我国《民法典》第四百四十七条规定："债务人不履行到期债务，债权人可以留置已经合法占有的债务人的动产，并有权就该

动产优先受偿。"这里的留置权是指债权人因合法手段占有债务人的财物，在由此产生的债权未得到清偿以前留置该项财物并在超过一定期限仍未得到清偿时依法变卖留置财物，从价款中优先受偿的权利。留置权的效力主要体现为留置权人的占有权和优先受偿权。《民法典》第四百五十五条规定："留置财产折价或者拍卖、变卖后，其价款超过债权数额的部分归债务人所有，不足部分由债务人清偿。"留置权人的占有权须受一定限制，留置权人只能从留置财产中优先交偿根据本合同应得的款项，对于其他债务，不得利用本合同的财物行使留置权。

由此可见，如债务客人不履行债务时，酒店可按照相关法律规定留置其财产，促使其履行债务。债务客人不履行债务超过一定的法律规定的期限，酒店可以按法律程序申请变卖其财产，从变卖的价款中得到清偿。在法定期间内，如果客人付清欠账，酒店要主动将财物交还给对方。如果客人拒绝支付酒店合法的费用，酒店可以通过向法院诉讼实现其自身的权利。

案例解析

2023 年 3 月—10 月期间，胡某在河南某实业有限公司北京分公司的一楼自主经营餐饮业务。其间，胡某在河南某实业有限公司北京分公司所开设酒店住宿，并产生住宿费 204962 元。这些钱胡某都签字确认了，但是就是不给钱。

思考：1. 面对这种情况，河南某实业有限公司北京分公司可依法通过什么途径实现自身的权利？

2. 如果你是该公司负责人会如何处理？你的诉求是什么？

（二）在特定的情况下，酒店有拒绝客人的权利

酒店是为住店客人及社会公众提供各种服务的场所。但饭店也不是无条件接待任何人的，根据《旅游饭店行业规范》，如出现以下情况，酒店有权利拒绝接待客人。

1. 患有严重传染病或精神病者

严重的传染疾病患者和严重精神病患者会对酒店内其他客人的健康和安全构成威胁。

2. 携带危害酒店安全的物品入店者

我国的《旅馆业治安管理办法》第十一条规定："严禁旅客将易燃、易爆、剧毒、腐蚀性和放射性等危险物品带入旅馆。"对携带上述危险品的客人，酒店首先可进行劝阻，如客人仍不听劝阻强行入住酒店，酒店有权拒绝接待。

3. 从事违法活动者

《旅馆业治安管理办法》第十二条规定："旅馆内，严禁卖淫、嫖宿、赌博、吸毒、传播淫秽物品等违法犯罪活动。"因此，酒店有权拒绝一切有违法行为的客人。对于入店后违法或有违法行为的客人，酒店也有权进行制止，并可要求其离店；对于情节严重的，酒店应当及时报公安机关处理。

4. 影响酒店形象者

我国《旅馆业治安管理办法》第十三条规定:“旅馆内,不得酗酒滋事、大声喧哗,影响他人休息,旅客不得私自留客住宿或者转让床位。”对上述行为举止不当的客人,酒店有权制止,对于屡次违反合法规定又不听劝者,酒店有权要求客人离店。

5. 无支付能力或曾有过逃账记录者

鉴于酒店属于营利性企业,对于无支付能力或者拒绝支付酒店合理费用的人员,酒店有权不予接待。对于因曾有过逃账记录而列入酒店黑名单的客人,酒店也有权拒绝接待。

6. 酒店客满时

在酒店客房已满的情况下,酒店可以拒绝接待新的客人。

7. 法律法规规定的其他情况

除以上 7 种情况外,法律法规规定的其他情况,如酒店临时有重大政治接待任务,或酒店已与其他单位签订合同全部包场等,酒店可以拒绝接待其他客人。

知识链接

美国《酒店法》规定,酒店在如下情况下可以不接待客人:①醉酒或行为不轨以致危害其他客人的;②有传染病者;③带入有可能对他人有影响或者对公众的安全有威胁物品的(如动物或者武器和爆炸物品);④不愿意或者不能支付酒店费用的;⑤酒店无客房可提供。美国法律同时规定,酒店不得以客人在不恰当的时候(比如午夜)进入酒店而拒绝客人,酒店应当随时开放接待客人。根据美国纽约《民权法》第四十一条规定:“由于种族、信仰、肤色、民族的原因而遭受拒绝的,可以获得 100 美元以上至 5 万美元以下的赔偿费。”

(三)酒店有权要求客人赔偿因其个人过错给酒店造成的损失

我国《民法典》第一千一百六十五条规定:“行为人因过错侵害他人民事权益造成损害的,应当承担侵权责任。”《民法典》第一千一百八十四条规定:“侵害他人财产的,财产损失按照损失发生时的市场价格或者其他合理方式计算。”第一千一百八十七条规定:“损害发生后,当事人可以协商赔偿费用的支付方式。协商不一致的,赔偿费用应当一次性支付;一次性支付确有困难的,可以分期支付,但是被侵权人有权请求提供相应的担保。”由此可见,客人无论属于过失或是故意损坏酒店的物品,都应当承担其赔偿责任。如果客人损坏了酒店客房内的物品,从而影响了该客房的正常出租,酒店有权利要求侵害人赔偿其损失。但是,酒店应当及时采取必要的措施,恢复该客房的状态,否则,酒店无权要求客人承担扩大的损失。《民法典》第五百九十一条规定:“当事人一方违约后,对方应当采取适当措施防止损失的扩大;没有采取适当措施致使损失扩大的,不得就扩大的损失请求赔偿。”但当事人因防止损失扩大而支出的合理费用,由违约方负担。

但如果属于故意毁坏公私财物的,《刑法》第二百七十五条规定:“故意毁坏公私财物,数额较大或者有其他严重情节的,处三年以下有期徒刑、拘役或者罚金;数额巨大或

者有其他特别严重情节的，处三年以上七年以下有期徒刑。”

总之，酒店应对客人的财物安全负责，客人也必须爱护酒店内的一切设施和财物。

二、酒店对其客人的义务

酒店对客人的义务是指酒店在经营活动和服务过程中必须作为或不作为的责任。酒店的权利和义务是相辅相成、互相依存的，没有无义务的权利，也没有无权利的义务。酒店对其客人的义务主要表现在以下几个方面。

（一）酒店有义务尊重和保障客人的人权

人权作为民事主体的基本权利，包含了如公民的姓名权、名誉权、荣誉权、肖像权、隐私权、生命健康权等，历来受到各国法律的重视与保护。我国《宪法》规定：“中华人民共和国公民的人身自由不受侵犯。任何公民，非经人民检察院批准或者决定或者人民法院决定，并由公安机关执行，不受逮捕。禁止非法拘禁和以其他方法非法剥夺或者限制公民的人身自由，禁止非法搜查公民的身体。”

因此，酒店不得对客人进行侮辱、诋毁，不得对酒店客人及所带行李物品强行搜查，不得侵犯酒店客人的人身自由权。

按照我国的法律规定，对客人人身和财产实施检查或者搜查，只能由法律赋予权力的人员依照法定的程序来进行，其他任何机关、团体和个人是无权搜查客人的身体和所携带的行李物品等。

（二）酒店有义务保障客人的人身和财产安全

《消费者权益保护法》第七条规定：“消费者有权要求经营者提供的商品和服务，符合保障人身、财产安全的要求。”因此保证客人住店期间的人身安全和财产安全，是酒店在安全方面基本的职责之一。

1. 酒店有义务保障客人的人身安全

客人在酒店可能受到人身危害的原因很多，例如行凶抢劫、火灾、设备故障、饮食变质、酒店或其服务人员疏忽大意、第三方的侵害行为等。但并非所有在酒店范围内遭受的人身损害全由酒店承担责任，而是以酒店是否有过错以及是否存在第三方侵权行为等来具体确定酒店的责任。我国《民法典》第一千一百九十八条规定：“宾馆、商场、银行、车站、机场、体育场馆、娱乐场所等经营场所、公共场所的经营者、管理者或者群众性活动的组织者，未尽到安全保障义务，造成他人损害的，应当承担侵权责任。因第三人的行为造成他人损害的，由第三人承担侵权责任；经营者、管理者或者组织者未尽到安全保障义务的，承担相应的补充责任。经营者、管理者或者组织者承担补充责任后，可以向第三人追偿。”该法典解释将酒店内发生的客人人身损害，酒店是否需要进行赔偿，以及如何赔偿用具体的条文做了具体规定。此外，在酒店造成客人人身受到损害的，酒店应按照《民法典》中有关侵权行为的规定来承担相应的侵权责任和赔偿额度。《民法典》第一千一百七十九条规定：“侵害他人造成人身损害的，应当赔偿医疗费、护理费、交通费、营养费、住院伙食补助费等为治疗和康复支出的合理费用，以及因误工减少的收入。造成残疾的，还应当赔偿辅助器具费和残疾赔偿金；造成死亡的，还应当赔偿丧葬

费和死亡赔偿金。”

2.酒店有义务保障客人的财物安全

造成客人在酒店内的财物灭失或损坏的原因有很多种，如盗窃、毁损、火灾等。根据《消费者权益保护法》第七条规定：“消费者有权要求经营者提供的商品和服务，符合保障人身、财产安全的要求。”酒店对客人带入酒店的财物安全负有一定的责任。

知识链接

法国《民法典》规定：“客人的物品被盗或被损坏时，不论其被酒店仆人或职员或出入酒店之外人所盗窃或所造成的损坏，酒店或酒店主人应负赔偿之责。”

国际私法统一协会《关于酒店合同的协定》第十二条规定：“酒店应对客人带入酒店的财物或虽在酒店外面而已由酒店负责的财物的毁坏或灭失负赔偿责任，其负责的期限为客人在酒店住宿的期间以及住宿期前后的一段适当的时间内。”

(1)对客人寄存行李的保管义务。

客人将行李等物品存放在酒店，酒店接受客人的寄存物，是一种保管行为。客人将行李等物品交给酒店，经双方确认后，客人拿到了行李卡，保管合同即告成立。因此酒店在收存客人的行李后，应采取必要的措施来维持保管物的原状，且不得挪用客人的一切物品或者让第三者使用。

当存放或托运行李时应当面请客人上锁以免发生纠纷。存放在酒店的物品如发生毁损或灭失，酒店将负有相应的责任。如有争议，双方可经法院调解解决；如调解不成的则可由法院判决。

(2)对客人遗留物品负有归还和保护的义务。

酒店对客人的遗留物品负有及时归还和保护的义务。客人的遗留物品可分为遗忘物、遗失物和遗弃物三种，这是三个不同概念，由此产生的后果也不相同。

遗忘物是指基于财产所有人或持有人的意思，放于某一地方后忘记带走而未完全失去控制的财物。

遗失物是指不基于物主的意思而偶然失去但又未完全失去控制的物品。

遗弃物是指基于财物所有人意思而抛弃的财物。

不管是上面哪种情况，当酒店工作人员发现客人的遗留物品后，应当第一时间设法归还客人。一时无法找到失主的，酒店应登记造册，替客人保留一定的时间，具体可根据酒店相关规定而定，但任何人都不得非法占有客人的遗留物品。一旦找到失主，如需寄还给客人，邮寄费用一般由客人承担。

(3)对客人在酒店停车场的车辆负有管理义务。

酒店对客人停放在酒店停车场内的车辆被窃、损坏承担一定的责任，但涉及客人在停车场内的财物损失的赔偿问题，要根据实际情况分析，具体要视客人的车是否停放在酒店提供的停车场内，酒店是否有立有安全警示牌提醒客人勿在车内存放贵重物品及是否是客人自己的过错等情况。

（三）酒店有义务保障客人贵重物品的安全

酒店有义务保障客人贵重物品的安全，这里的“客人”指住店客人。

同时，这里的“贵重物品”指住店客人寄存在贵重物品保险箱中的贵重物品。

《消费者权益保护法》第七条规定：“消费者有权要求经营者提供的商品和服务，符合保障人身、财产安全的要求。”《旅馆业治安管理办法》第七条规定：“旅馆应当设置旅客财物保管箱、柜或者保管室、保险柜，指定专人负责保管。对旅客寄存的财物，要建立登记、领取和交接制度。”《中国旅游饭店行业规范》第十七条规定：“饭店应当在前厅处设置有双锁的客人贵重物品保险箱。贵重物品保险箱的位置应当安全、方便、隐蔽，能够保护客人的隐私。”《中国旅游饭店行业规范》第十九条规定：“客人寄存贵重物品时，饭店应当要求客人填写贵重物品寄存单，并办理有关手续。”

因此，酒店应当设置客人合乎规范的贵重物品保险箱，并且建立一套登记、领取和交接的制度。如因为酒店不能为客人提供贵重物品保险箱而导致客人在客房内丢失贵重物品，酒店将被追究赔偿责任。在客人的贵重物品保护方面，酒店的义务是将客人交存的贵重物品保存好，使之不发生灭失、毁损。客人放在店内其他地方的物品，应自行妥善保管，若发生财物的灭失，则视具体情况决定赔偿责任。

酒店对客人带进店内的财物因保管不当而造成毁损或灭失，负有一定的责任，但并不是酒店要对客人带进酒店的所有财物的灭失负责或负全部的责任。因为客人也会因为自己违反规定而使置于酒店范围内的财物发生损坏或灭失。因此妥善保管好客人的贵重物品是酒店的一项重要责任。实际工作中，酒店逐渐意识到要保护客人的全部财物风险太大，因此要求客人将随身携带的贵重物品存放在贵重物品安全寄存箱内，酒店只对这部分财物的灭失负绝对的责任，同时规定了客人放在房间内的财物灭失的最高赔偿额。

此外，我国《民法典》第八百九十八条的规定：“寄存人寄存货币、有价证券或者其他贵重物品的，应当向保管人声明，由保管人验收或者封存；寄存人未声明的，该物品毁损、灭失后，保管人可以按照一般物品予以赔偿。”

知识链接

1. 美国俄亥俄州相关法规定，酒店如果为客人提供了金属保险箱，供客人存放现金、珠宝、金银制品、宝石及重要文件等，并在客房的门上安装了牢固的门锁和防盗链，并将此用清晰字体醒目地予以公示，酒店经营者无须为客人的财产损失负责，除非酒店拒绝客人将贵重物品存放在酒店的保险箱中。

2. 意大利《民法》规定：“对经保管的贵重物品的遗失，酒店业主赔偿最高限额为 5000 里拉（酒店业主无正当理由拒绝客人寄存物品而使财物损失的赔偿责任，则不受此限制）。”

3. 日本《商法》规定：“商人在自己的营业范围内接受寄存时，即使不拿报酬，也必须承担遗失赔偿责任。”

4. 法国《民法典》规定:"旅客寄存到酒店或酒店主手中的物品被盗窃或被损坏,或者酒店无正当理由而拒不接受寄存致使客人物品被盗或被损坏,酒店均负有无限责任。"

5. 新加坡《酒店法》规定:"住店客人的财产如果遗失、遭窃或者损坏,酒店负有主要的责任。但在下列情况下,酒店不承担责任:①损失是由于客人本人处置不当或者疏忽大意所致,由于客人所属的公司或其代理人的盗窃或损坏;②由于不可抗拒的力量,或者是国家的敌人所为;③放在酒店内的汽车,或者放在酒店内汽车里的物品被窃或者损坏。"

6. 新加坡《酒店法》规定:"客人必须将贵重物品存放在酒店的贵重物品安全寄存箱内,否则发生客人财物的灭失,酒店最高的赔偿金额只限 500 新元。"《酒店法》同时还规定:"酒店必须为住店客人免费提供寄存贵重物品服务的项目方可营业。"

7. 在新加坡,酒店至少有一份《酒店法》第三款第一条的内容醒目地放置在酒店的入口处、前台入店登记处或者客房内,其内容是关于客人财产遗失、被窃和毁损情况赔偿的规定。除此之外,一般还有这样一段文字:"请不要将贵重物品放在房间内,酒店免费为您提供贵重物品安全寄存服务。我们热诚地希望您将贵重物品存放在酒店提供的安全寄存箱"。

8. 国际私法统一协会制定的《关于饭店合同的协定》中,就酒店对财物损害的赔偿责任作了如下的规定。

第十三条第一款:"酒店有责任接受证券、现金和贵重物品的寄存保管;只有对危险物品和笨重物品才可以不接受。"

第十三条第四款:"对于应由酒店保管的财物而酒店拒绝寄存保管时,酒店不能限制其损害赔偿责任。"

第十三条第十六条:"由于酒店或酒店领导下的任何人的过失或故意行为或不作为而造成客人财物损伤、毁坏、灭失时,酒店将不能适用本协定关于赔偿限额的规定。

(四)告知客人注意安全的义务

《消费者权益保护法》第十八条规定:"经营者应当保证其提供的商品或者服务符合保障人身、财产安全的要求。对可能危及人身、财产安全的商品和服务,应当向消费者做出真实的说明和明确的警示,并说明和标明正确使用商品或者接受服务的方法以及防止危害发生的方法。"

《中国旅游饭店行业规范》第十四条规定:"对可能危害客人人身和财产安全的场所,饭店应当采取防护、警示措施。警示牌应当中外文对照。"酒店应当用适当的方式告知客人有关安全事宜,对有可能危及客人人身安全的项目和服务应当做出明确的警示和正确接受服务项目的说明。明确的警示,是指应当在显著的位置以醒目的字样或图形标明其危险性。这些警示和说明的文字应当简明易懂,不致使人产生误解,旅游酒店应当使用中外文的警示。这种安全警示义务主要体现在以下方面。

1. 游泳池的警示

游泳池内的警示应置于明显的位置，警示内容应包括：儿童游泳时应当有成年人照看；不得在游泳池区域使用玻璃制品；禁止患有传染病或酗酒后的客人游泳等。游泳池应当有水深的标志，救生用品要放在易于取用的地方。

2. 健身房的警示

健身房的警示应包括建议客人在使用健身设施前征求医生的意见；建议客人不要运动过度；使用各种器材前了解使用方法以免受伤等。

3. 桑拿浴的警示

根据酒店的设施设备情况，桑拿浴的警示应包括：患有心脏病、高血压、低血压等疾病的客人以及孕妇和幼儿应当谨慎使用桑拿浴。建议有些疾病患者在使用前征求有关医生的意见。地面防滑的警示。危险品的警示。

当然，安全警示应该合乎规范。《消费者权益保护法》第二十六条规定："经营者在经营活动中使用格式条款的，应当以显著方式提请消费者注意商品或者服务的数量和质量、价款或者费用、履行期限和方式、安全注意事项和风险警示、售后服务、民事责任等与消费者有重大利害关系的内容，并按照消费者的要求予以说明。经营者不得以格式条款、通知、声明、店堂告示等方式，作出排除或者限制消费者权利、减轻或者免除经营者责任、加重消费者责任等对消费者不公平、不合理的规定，不得利用格式条款并借助技术手段强制交易。格式条款、通知、声明、店堂告示等含有前款所列内容的，其内容无效。"

（五）提供符合等级要求的硬件与服务的义务

酒店在保障酒店客人正常使用产品和接受服务的情况下，应该向酒店客人标明产品和服务的质量、性能、用途以及有效期限，但酒店的客人在购买该产品或者接受该服务前就已经知道其存在瑕疵的情况除外。酒店以广告宣传招徕的客人，对产品进行说明，展示实物样品等方式，标明了产品和服务质量情况的，应当保障其提供的产品和服务的实际质量与标明产品的质量相吻合。如果酒店未提供符合本酒店星级与等级标准的服务，或提供的各种服务存在问题，不能达到规定的标准，客人有权向有关部门进行投诉。

（六）提供真实情况的义务

《消费者权益保护法》规定经营者应当向消费者提供有关商品或者服务的真实信息，不得作引人误解的虚假宣传。经营者对消费者就其提供的商品或者服务的质量和使用方法等问题提出的询问，应当做出真实、明确的答复。商店提供商品应当明码标价。因此，酒店在经营过程当中，应标明其真实名称和标记。必须用自己真实的企业名称或营业标记，不得使用未经核准登记的企业名称，不准假用他人企业名称和他人持有的营业标记，不准仿冒或使用与他人企业名称或营业标记相似、足以造成消费者误认的企业名称或营业标记。因此，酒店对自己的产品和服务等必须向客人提供真实的信息。

（七）出具相应的凭证和单据的义务

酒店所提供的产品和服务，必须按国家相关规定以及商业惯例提供购货凭证和服

务单据;酒店客人索要购货凭证以及服务单据和发票时,酒店必须出具相关凭证。

(八)遵守有关法律法规和合同的义务

1. 国家法律法规规定的义务

酒店在为客人提供服务或商品的过程中还应当履行国家法律法规规定的其他义务。这些法律法规包括但不限于《中华人民共和国食品卫生法》《中华人民共和国消防法》《中华人民共和国产品质量法》《中华人民共和国反不正当竞争法》等。

2. 合同约定的义务

酒店和客人如有其他方面约定的,应当按照合同的约定履行义务,但双方的约定不得违背国家法律法规的规定。

知识点测试 4.2

任务三　掌握客人的权利和义务

一、酒店客人的权利

酒店客人作为酒店的消费者,在法律上享有一系列的权利,这些权利旨在保护酒店客人的合法权益,确保客人在酒店消费期间的安全、舒适以及满意度。根据相关法律法规和司法实践,酒店客人主要享有如下权利。

1. 人身自由权

《中华人民共和国宪法》是确立公民基本权利的根本法典,对人身自由权提供了最基础的保护。宪法第三十七条明确规定公民的人身自由不受侵犯,除法定情形外不得逮捕、非法拘禁或限制自由,也不得非法搜查。因此,酒店客人在酒店住宿期间享有人身自由权,酒店无权以任何理由限制客人的人身自由。

2. 人身安全权

安全权,是人权引申的权利即公民享有人身、财产、精神,不受侵犯、威胁、胁迫、欺诈、勒索的权利。这些规定不仅体现了公民权利的基本性和重要性,而且显示了国家对这一权利的重视。

人身安全有广义和狭义之分。人身安全的广义范畴是包括人的生命、健康、行动自由、住房、人格、名誉等安全。人身安全的狭义范畴如刑法上人身安全的本义,是作为自然人的身体本身的安全,任何人不得侵犯他人的自身安全。《中华人民共和国消费者权益保护法》第七条规定:"消费者在购买、使用商品和接受服务时享有人身、财产安全不受损害的权利。消费者有权要求经营者提供的商品和服务,符合保障人身、财产安全的要求 。"由此可见,客人在酒店的人身安全权,主要包括客人的生命安全、客人的健康安全等。

人身安全权是我国宪法赋予每一位公民的权利 。因此,酒店客人住宿期间或在使用酒店设施或接受酒店服务时,依法享有人身不受损害的权利。对可能危及酒店客人

人身安全的商品和服务，酒店经营者应当向酒店客人作出真实的说明和明确的警示，并说明和标明正确使用商品或者接受服务的方法以及防止危害发生的方法。例如，王某在餐厅就餐时，一只野猫冲进来抓伤了王某。这种情况就是餐厅没有尽到安全保障义务，侵犯了消费者王某的人身安全权。王某可以向餐厅提出索赔要求，维护自己的合法权益。

为保障客人人身安全，国家也制定了一系列法律法规，包括《中华人民共和国宪法》《中华人民共和国民法典》《中华人民共和国刑法》《中华人民共和国消费者权益保护法》《中华人民共和国食品卫生法》《中华人民共和国安全生产法》《旅游安全管理暂行办法》《旅馆业治安管理办法》《中华人民共和国治安管理处罚法》《最高人民法院关于审理人身损害赔偿案件适用法律若干问题的解释》等。

3. 心理安全权

所谓心理安全是指一个人心理免于受到危险，威胁和危害的客观状态。在这样的心理状态中，人们可以感受到内心的愉悦、松弛和宁静，进而会养成乐观、积极、自信的良好心态的心理感受。这里针对酒店的心理安全权是指客人住宿期间或者在店消费时所应享有的心理上的安全感。为客人提供安全舒适的住宿环境也是酒店的义务，酒店客人也有权要求酒店提供安全的住宿环境和消费环境，以保障客人的心理安全感。

4. 财产安全权

《消费者权益保护法》第七条规定："消费者在购买、使用商品和接受服务时享有人身、财产安全不受损害的权利。消费者有权要求经营者提供的商品和服务，符合保障人身、财产安全的要求。"因此，财产安全权就是指客人在住宿期间或在接受酒店的服务、使用酒店的商品时，享有的财产不受损害的权利。这种权利是酒店客人的基本权利之一，受到法律的保护。为了保障酒店客人的财产安全权，酒店经营者必须提供符合保障财产安全要求的商品、服务和环境。如果酒店经营者没有尽到安全保障义务，导致酒店客人的财产受到损害，将依法承担相应的法律责任。由此可见，酒店无权私自扣留或者擅自检查客人携带进酒店的任何私有财物。

5. 知悉权

《消费者权益保护法》第八条规定："消费者享有知悉其购买、使用的商品或者接受的服务的真实情况的权利。消费者有权根据商品或者服务的不同情况，要求经营者提供商品的价格、产地、生产者、用途、性能、规格、等级、主要成分、生产日期、有效期限、检验合格证明、使用方法说明书、售后服务，或者服务的内容、规格、费用等有关情况。"因此这里的知悉权是指酒店客人享有知悉其购买、使用的酒店商品或接受的酒店服务的真实情况的权利。如酒店客房的价格、酒店客房的布局、入住酒店享有的服务等。

6. 自主选择权

《消费者权益保护法》第九条规定："消费者享有自主选择商品或者服务的权利。消费者有权自主选择提供商品或者服务的经营者，自主选择商品品种或者服务方式，自主决定购买或者不购买任何一种商品、接受或者不接受任何一项服务。消费者在自主选择商品或者服务时，有权进行比较、鉴别和挑选。"

因此这里的自主选择权是指客人享有自主选择酒店的权利，以及享有在酒店内自主选择商品或服务的权利。包括客人有权自主选择酒店商品的品种或者服务方式，自

主决定购买或者不购买任何一种商品、接受或者不接受任何一项服务。同时，客人在自主选择商品或者服务时，也有权进行比较、鉴别和挑选。酒店不可强制客人消费。

7. 公平交易权

《消费者权益保护法》第十条规定："消费者享有公平交易的权利。消费者在购买商品或者接受服务时，有权获得质量保障、价格合理、计量正确等公平交易条件，有权拒绝经营者的强制交易行为。"由此可见，酒店客人享有公平交易权，在酒店购买商品或者接受服务时，有权获得质量保障、价格合理、计量正确等公平交易条件，有权拒绝酒店的强制交易行为。

8. 求偿权

《消费者权益保护法》第十一条规定："消费者因购买、使用商品或者接受服务受到人身、财产损害的，享有依法获得赔偿的权利。"这里的求偿权即指酒店客人因购买、使用酒店商品或接受酒店服务时受到人身、财产损害的，享有依法获得赔偿的权利。如客人在住宿期间因浴室地面滑倒受伤或客人在餐厅用餐发生食物中毒事件、客人贵重物品因酒店保存不当受到损害等，酒店客人都有权依法获得相应赔偿的权利。

9. 受尊重权

《消费者权益保护法》第十四条规定："消费者在购买、使用商品和接受服务时，享有人格尊严、民族风俗习惯得到尊重的权利，享有个人信息依法得到保护的权利。"这里的受尊重权即指客人在购买、使用酒店商品和接受酒店服务时，享有其人格尊严、民族风俗习惯得到尊重的权利。同时，我国《宪法》也规定："公民的人格尊严不受侵犯，禁止用任何方法对公民进行侮辱、诽谤和诬告陷害。"《宪法》第四条规定："中华人民共和国各民族一律平等。国家保障各少数民族的合法的权利和利益，维护和发展各民族的平等团结互助和谐关系。禁止对任何民族的歧视和压迫，禁止破坏民族团结和制造民族分裂的行为。"因此，酒店在接待服务中要做到一视同仁，尊重客人。

10. 个人隐私权

《民法典》第一千零三十二条规定："自然人享有隐私权。任何组织或者个人不得以刺探、侵扰、泄露、公开等方式侵害他人的隐私权。隐私是自然人的私人生活安宁和不愿为他人知晓的私密空间、私密活动、私密信息。"

隐私权的内容包括：①对自己的隐私进行隐瞒，不为他人所知的权利；②对自己的隐私享有积极利用，以满足自己的精神、物质等方面需要的权利；③对自己的隐私享有支配权，只要不违背公序良俗即可。

因此，这里的个人隐私权即指酒店客人享有个人隐私权。酒店应尊重客人的隐私权，未经客人允许不得随意进入客人房间，也不得随意泄露客人的个人信息。

11. 监督权

《消费者权益保护法》第十五条规定："消费者享有对商品和服务以及保护消费者权益工作进行监督的权利。消费者有权检举、控告侵害消费者权益的行为和国家机关及其工作人员在保护消费者权益工作中的违法失职行为，有权对保护消费者权益工作提出批评、建议。"因此，这里的监督权即指客人享有对酒店的商品和服务以及保护酒店客人权益的工作进行监督的权利。当酒店的服务或设施不符合约定或法律规定时，酒店客人有权提出投诉，并要求酒店采取相应的补救措施。

这些权利一方面既体现了法律对酒店客人权益的保护，同时也要求酒店经营者遵守法律规定，提供符合标准的服务，维护良好的消费环境。另一方面，酒店客人也应当了解并行使自己的权利，以确保自己的合法权益不受侵害。同时，酒店也应当积极履行自己的义务，为客人提供安全、舒适、满意的住宿体验。

二、酒店客人的义务

1.按照规定进行正确登记的义务

凡要求住酒店的客人都有义务出示本人有效的身份证件并正确地进行登记。

我国《旅馆业治安管理办法》第六条规定："旅馆接待旅客住宿必须登记。登记时，应当查验旅客的身份证件，按规定的项目如实登记。"登记查验制度是识别和控制不法分子的重要手段。

《中国旅游饭店行业规范》第七条规定："饭店在办理客人入住手续时，应当按照国家的有关规定，要求客人出示有效证件，并如实登记。"目前我国还没有全国性的统一的"住客登记表"，有的地区统一印制了"旅客住宿登记单"和"旅客住宿登记簿"。

2.爱护酒店财物的义务

我国《民法典》第一千一百六十五条规定："行为人因过错侵害他人民事权益造成损害的，应当承担侵权责任。"《民法典》第一千一百八十四条规定："侵害他人财产的，财产损失按照损失发生时的市场价格或者其他合理方式计算。"由此可见，酒店客人在使用酒店设施设备过程中有爱护酒店财物的义务，并且在使用过程中如有损坏酒店财物还应当进行合理赔偿。如，酒店客人在酒店餐厅用餐过程中打碎了餐具，则应该按照相关规定予以赔偿。

3.按时、足额支付酒店各种合理费用的义务

客人应当支付因购买、使用酒店的商品或者接受酒店提供的服务而发生的各种合理费用。如果客人无能力支付或者拒绝支付酒店的有关费用，依据《民法典》第五百七十七条："当事人一方不履行合同义务或者履行合同义务不符合约定的，应当承担继续履行、采取补救措施或者赔偿损失等违约责任。"第五百七十八条："当事人一方明确表示或者以自己的行为表明不履行合同义务的，对方可以在履行期限届满前请求其承担违约责任。"第五百七十九条："当事人一方未支付价款、报酬、租金、利息，或者不履行其他金钱债务的，对方可以请求其支付。"酒店首先可跟客人协商解决，如协商不成的可起诉到人民法院。

4.遵守有关法律、法规和酒店各种合理规章制度的义务

客人在酒店住宿期间应当遵守国家和地方有关的法律、法规，以及酒店合法合理的规章制度。如《旅馆业治安管理办法》第十一条规定："严禁旅客将易燃、易爆、剧毒、腐蚀性和放射性等危险物品带入旅馆 。"第十二条规定："旅馆内，严禁卖淫、嫖宿、赌博、吸毒、传播淫秽物品等违法犯罪活动。"第十三条规定："旅馆内，不得酗酒滋事、大声喧哗，影响他人休息，旅客不得私自留客住宿或者转让床位。"由此可见，客人首先应是一个知法、懂法、守法的公民，然后才是酒店尊贵的客人。

知识点测试 4.3

案例解析

2023 年 7 月 28 日，杭州人崔某在北京某酒店住宿时，在该酒店寄存两只皮箱。由于该酒店保管不善，致使箱内的公款及物品被盗，价值人民币约 3000 元。在财物无法得到赔偿的情况下，崔某向法院起诉，要求该酒店赔偿。经法院调解，双方达成以下协议：酒店赔偿客人崔某人民币 1500 元，案件受理费 50 元人民币由崔某承担。

思考：请问该判决是否公平合理，请评析。

项目小结

该项目解析了酒店与客人之间法律关系产生、变更、消灭的条件，重点介绍了酒店在对客服务过程中法律赋予酒店的收取费用、拒绝客人等各项权利以及应承担的保障客人人身财产安全、警示告知等义务。同时也重点阐述了酒店客人应享有的人身自由权、自主选择权、公平交易权等权利，以及应承担的支付费用、遵纪守法等义务。

项目五
消费者权益保护法律制度

学习目标

知识目标

1. 了解《消费者权益保护法》的出台；
2. 熟悉《消费者权益保护法》的基本内容；
3. 知晓处理争议的流程与途径。

能力目标

1. 能妥善处理客人争议；
2. 明确相关法律责任。

素质目标

1. 培养学生良好的服务意识；
2. 培养学生交流沟通能力；
3. 培养学生法律意识。

关键概念

安全权　选择权　信息权　公平交易权　参与权　补偿权　质量责任　信息披露责任

案例导入

李先生在某酒店预订了一间豪华套房，并提前支付了房费。然而，当他入住时，发现房间的卫生状况非常差，床单被褥脏乱不堪，卫生间还有异味。李先生向酒店前台投诉，要求更换房间或退款，但酒店方面却拒绝了他的要求，并表示不提供退款服务。

思考：酒店是否侵犯了李先生的权益？李先生应该如何维护自己的权益？

任务一 《消费者权益保护法》的出台

《中华人民共和国消费者权益保护法》(以下统称《消费者权益保护法》)是为了保护消费者的合法权益和维护市场秩序而制定的法律。《消费者权益保护法》于1993年10月31日公布,自1994年1月1日起施行,是中国消费者权益保护的基本法律。《消费者权益保护法》的出台是为了解决市场经济发展过程中出现的一系列消费者权益受损的问题。在市场经济中,消费者作为经济活动的主体,应当享有一定的权益保护,以确保其合法权益不受侵害。

《消费者权益保护法》的出台对于保护消费者权益具有重要意义。它明确了消费者的基本权益,包括安全、健康的消费环境,自主选择商品和服务的权利,获取真实、准确的商品和服务信息的权利,参与商品和服务质量监督和评价的权利,获得补偿和赔偿的权利等。此外,《消费者权益保护法》还规定了商家的义务和责任。商家应当提供安全、合格的商品和服务,不得欺诈、虚假宣传,不得限制消费者的选择权利,应当承担商品和服务的质量责任,并提供售后服务和维修等。《消费者权益保护法》还明确了商家和消费者的相关法律责任。商家应当承担商品和服务的质量责任,对于提供的不合格商品和服务应当承担相应的赔偿责任。消费者应当履行合同义务,如按时支付商品或服务的费用,并保护和正确使用商品。如果商家违反了《消费者权益保护法》的规定,消费者可以要求商家承担相应的法律责任。

为了保护消费者权益,《消费者权益保护法》还设立了消费者权益保护组织,如消费者协会,以维护消费者权益,提供法律援助和咨询服务,参与消费者权益保护的监督和评价等。在处理消费争议方面,消费者可以通过协商解决、申请仲裁和提起诉讼等途径来解决争议。如果协商无果,消费者可以向消费者权益保护组织申请仲裁,由仲裁机构进行调解处理。如果仲裁未能解决争议,消费者可以向法院提起诉讼,通过司法程序解决争议。

一、《消费者权益保护法》的背景和意义

(一)社会经济发展的需要

随着我国市场经济的不断发展,消费者在市场中的地位日益重要。然而,消费者在购买商品和接受服务过程中面临着信息不对称、质量不合格、欺诈行为等问题,消费者的合法权益难以得到有效保护。因此,出台《消费者权益保护法》成为时代的需要。

(二)国际经验的借鉴

国际上已经有许多国家和地区制定了《消费者权益保护法》,如美国的《消费者权益法》、欧盟的《消费者权益指令》等。我国在制定《消费者权益保护法》时可以借鉴这些国

际经验，从而提高我国消费者权益保护的水平。

知识链接

欧盟消费者权益保护法律制度：

1. 欧盟消费者权益保护法律制度的核心是《欧洲消费者权益保护法规》(Consumer Rights Directive)，该法规于 2014 年生效。

2. 该法规规定了消费者在购买商品和服务时的权益，包括信息透明、合同条款的公平性、退货和退款权利等。

3. 欧盟成员国需要将该法规纳入国内法律，并确保其有效执行和实施。

美国消费者权益保护法律制度：

1. 美国的消费者权益保护法律制度包括联邦法律和各州法律。

2. 联邦法律方面，主要由联邦贸易委员会(Federal Trade Commission，简称 FTC)负责执行和监管，包括《联邦贸易委员会法》(Federal Trade Commission Act)和《消费者保护法》(Consumer Protection Act)等。

3. 各州法律方面，各州都有自己的消费者权益保护法律，具体细节可能有所不同。这些法律制度旨在保护消费者的权益，确保消费者在购买商品和服务时享有公平和透明的待遇，并提供途径和机制来解决消费者与商家之间的纠纷。

(三)促进经济发展和社会和谐

《消费者权益保护法》的出台可以促进市场经济的健康发展，提高消费者的购买力和消费信心，推动商品和服务的质量提升，增强市场竞争力。同时，《消费者权益保护法》的实施可以维护社会公平正义，促进社会和谐稳定。

《消费者权益保护法》可以保障消费者在酒店消费过程中的合法权益，它规定了酒店从业人员应遵守的基本规则和消费者应享有的权利，是保护消费者权益、维护市场秩序、促进经济发展的重要法律。

二、《消费者权益保护法》的实施和效果

《消费者权益保护法》实施以来，对于保护消费者的合法权益，促进市场经济的健康发展，维护社会和谐稳定起到了积极的作用。具体表现在以下几个方面。

(一)增强了消费者的购买力和消费信心

《消费者权益保护法》的出台旨在保护消费者的权益，维护市场秩序，为消费者提供一个安全、公平、透明的消费环境。《消费者权益保护法》的出台，使消费者更加有信心地进行消费，提高了消费者的购买力。

(二)提高了商品和服务的质量

《消费者权益保护法》第十六条规定："经营者向消费者提供商品或者服务，应当依

照《中华人民共和国产品质量法》和其他有关法律、法规的规定履行义务”。《消费者权益保护法》要求商家提供真实、准确、完整的商品和服务信息，履行质量保证义务，促使商家提高商品和服务的质量。

（三）促进了市场竞争和企业发展

《消费者权益保护法》的实施，加强了市场监管，维护了公平竞争的市场环境，促进了企业的健康发展。为了避免被消费者投诉和维权，企业必须提供质量可靠、安全可靠的产品和优质的售后服务。这促使企业加强产品研发和质量控制，提高产品的竞争力和市场份额。

《消费者权益保护法》第二十三条规定：“经营者应当保证在正常使用商品或者接受服务的情况下其提供的商品或者服务应当具有的质量、性能、用途和有效期限；但消费者在购买该商品或者接受该服务前已经知道其存在瑕疵的除外。经营者以广告、产品说明、实物样品或者其他方式表明商品或者服务的质量状况的，应当保证其提供的商品或者服务的实际质量与表明的质量状况相符。”企业必须依法经营，诚实守信，否则将面临法律责任和经济处罚。这促使企业注重诚信经营，树立良好的企业形象，增强了企业的市场竞争力。

（四）提高了争议解决的效率和公正性

《消费者权益保护法》规定了消费争议的解决机制，使消费者能够更加便捷地解决争议，维护自己的合法权益。

《消费者权益保护法》的出台是我国法律制度建设的重要一步，对于保护消费者的合法权益，维护市场秩序，促进社会经济的健康发展具有重要意义。消费者和商家应当共同遵守《消费者权益保护法》的规定，互相尊重、诚实守信，共同维护消费者的合法权益。

知识点
测试 5.1

任务二 《消费者权益保护法》的基本内容

《消费者权益保护法》共分为八章，包括总则、消费者的权利、经营者的义务、消费者组织、争议的解决等内容。其中，总则明确了国家对消费者权益保护的基本政策和原则，消费者的权利规定了消费者在购买商品和接受服务时的权益，经营者的义务规定了经营者在生产、经营过程中应当履行的责任。此外，《消费者权益保护法》还规定了消费者组织和消费者权益保护协会的设立和职责，以及监督检查和法律责任的具体内容。该法明确了对侵害消费者权益行为的处罚措施和救济途径，为消费者维权提供了法律保障。

一、消费者的权利和义务

《消费者权益保护法》明确了消费者的基本权益，包括如下几个方面。

1. 安全权

《消费者权益保护法》第七条规定:“消费者在购买、使用商品和接受服务时享有人身、财产安全不受损害的权利。消费者有权要求经营者提供的商品和服务,符合保障人身、财产安全的要求。”

2. 选择权

《消费者权益保护法》第九条规定:“消费者享有自主选择商品或者服务的权利。消费者有权自主选择提供商品或者服务的经营者,自主选择商品品种或者服务方式,自主决定购买或者不购买任何一种商品、接受或者不接受任何一项服务。消费者在自主选择商品或者服务时,有权进行比较、鉴别和挑选。”

3. 信息权

消费者有权获得真实、准确、完整的商品和服务信息。《消费者权益保护法》第八条规定:“消费者享有知悉其购买、使用的商品或者接受的服务的真实情况的权利。消费者有权根据商品或者服务的不同情况,要求经营者提供商品的价格、产地、生产者、用途、性能、规格、等级、主要成分、生产日期、有效期限、检验合格证明、使用方法说明书、售后服务,或者服务的内容、规格、费用等有关情况。”

4. 公平交易权

《消费者权益保护法》第十条规定:“消费者享有公平交易的权利。消费者在购买商品或者接受服务时,有权获得质量保障、价格合理、计量正确等公平交易条件,有权拒绝经营者的强制交易行为。”同时,该法第十四条规定:“消费者在购买、使用商品和接受服务时,享有其人格尊严、民族风俗习惯得到尊重的权利。”

5. 参与权

消费者有权参与商品和服务质量监督和评价,对不合格商品和服务提出投诉和意见。《消费者权益保护法》第十五条规定:“消费者享有对商品和服务以及保护消费者权益工作进行监督的权利。消费者有权检举、控告侵害消费者权益的行为和国家机关及其工作人员在保护消费者权益工作中的违法失职行为,有权对保护消费者权益工作提出批评、建议。”

6. 补偿权

消费者有权要求商家承担不合格商品和服务的赔偿责任。《消费者权益保护法》第十一条规定:“消费者因购买、使用商品或者接受服务受到人身、财产损害的,享有依法获得赔偿的权利。”

酒店消费者的基本义务包括:遵守酒店的规定和制度,不得干扰酒店的正常经营秩序,不得损坏酒店的设施和财产,不得使用酒店的服务和设施从事非法活动,不得侵犯酒店从业人员和其他消费者的合法权益等。

二、商家的义务和责任

《消费者权益保护法》规定了商家的义务和责任,包括如下几个方面。

1. 提供安全、合格的商品和服务,不得欺诈、虚假宣传

《消费者权益保护法》第二十条规定:“经营者向消费者提供有关商品或者服务的质量、性能、用途、有效期限等信息,应当真实、全面,不得作虚假或者引人误解的宣传。经

营者对消费者就其提供的商品或者服务的质量和使用方法等问题提出的询问，应当作出真实、明确的答复。经营者提供商品或者服务应当明码标价。”

酒店应该加强信息公开，向消费者提供准确、全面、及时的信息。具体措施包括：公开酒店的服务内容、价格、质量等信息，公开酒店的投诉和建议渠道，公开酒店的经营状况和质量管理情况等。

案例解析

某酒店在其官方网站和广告宣传中声称拥有豪华的SPA水疗中心，并承诺提供高品质的SPA服务。然而，一位消费者在入住后发现，酒店的SPA设施和服务远不如宣传中所述，甚至存在设施陈旧、服务质量低下的情况。消费者因此感到被误导，并对酒店的虚假宣传表示不满，提出投诉。

思考：1.酒店的做法是否侵犯了消费者的合法权益？

2.作为酒店方，应如何处理客人的此次投诉？

2.不得限制消费者的选择权利，不得强制消费

《消费者权益保护法》第二十四条规定：“经营者不得以格式合同、通知、声明、店堂告示等方式作出对消费者不公平、不合理的规定，或者减轻、免除其损害消费者合法权益应当承担的民事责任。格式合同、通知、声明、店堂告示等含有前款所列内容的，其内容无效。”

3.承担商品和服务的质量责任，对不合格商品和服务应当承担相应的赔偿责任

《消费者权益保护法》第二十三条规定：“经营者应当保证在正常使用商品或者接受服务的情况下其提供的商品或者服务应当具有的质量、性能、用途和有效期限；但消费者在购买该商品或者接受该服务前已经知道其存在瑕疵，且存在该瑕疵不违反法律强制性规定的除外。经营者以广告、产品说明、实物样品或者其他方式表明商品或者服务的质量状况的，应当保证其提供的商品或者服务的实际质量与表明的质量状况相符。”

酒店应该提高商品和服务质量，提供优质的服务，满足消费者的需求。具体措施包括：加强员工培训，提高员工的服务技能和服务水平，建立健全的服务管理体系，加强对消费者的关怀和服务，提高消费者的满意度。

4.提供售后服务和维修等

《消费者权益保护法》第二十四条规定：“经营者提供的商品或者服务不符合质量要求的，消费者可以依照国家规定、当事人约定退货，或者要求经营者履行更换、修理等义务。没有国家规定和当事人约定的，消费者可以自收到商品之日起七日内退货；七日后符合法定解除合同条件的，消费者可以及时退货，不符合法定解除合同条件的，可以要求经营者履行更换、修理等义务。”

依据《消费者权益保护法》，酒店从业人员应履行以下职责和义务。酒店从业人员的基本职责是为消费者提供优质的服务，满足消费者的需求，具体包括：为消费者提供准确的信息和建议，为消费者提供安全、舒适的住宿环境，提供优质的餐饮、娱乐和会议服务，及时处理消费者的投诉和意见等。酒店从业人员的基本义务是遵守法律法规，尊

重消费者的合法权益，保护消费者的个人信息和隐私，提供公平、公正、诚信的保护和服务，具体包括：不得歧视消费者，不得欺骗消费者，不得强制要求消费者消费，不得泄露消费者的个人信息，不得侵犯消费者的隐私等。

三、消费者权益保护组织

《消费者权益保护法》设立了消费者权益保护组织，如消费者协会，以维护消费者权益，为消费者提供法律援助和咨询服务，参与消费者权益保护的监督和评价等。消费者组织不得从事商品经营和营利性服务，不得以牟利为目的向社会推荐商品和服务。

《消费者权益保护法》第三十七条规定，消费者协会履行下列公益性职责：

(1)向消费者提供消费信息和咨询服务，提高消费者维护自身合法权益的能力，引导文明、健康、节约资源和保护环境的消费方式；

(2)参与制定有关消费者权益的法律、法规、规章和强制性标准；

(3)参与有关行政部门对商品和服务的监督、检查；

(4)就有关消费者合法权益的问题，向有关部门反映、查询，提出建议；

(5)受理消费者的投诉，并对投诉事项进行调查、调解；

(6)投诉事项涉及商品和服务质量问题的，可以委托具备资格的鉴定人鉴定，鉴定人应当告知鉴定意见；

(7)就损害消费者合法权益的行为，支持受损害的消费者提起诉讼或者依照本法提起诉讼；

(8)对损害消费者合法权益的行为，通过大众传播媒介予以揭露、批评。

各级人民政府对消费者协会履行职责应当予以必要的经费等支持。

知识点
测试 5.2

任务三　处理争议的流程与途径

《消费者权益保护法》第三十九条规定："消费者和经营者发生消费者权益争议的，可以通过下列途径解决：

(1)与经营者协商和解；

(2)请求消费者协会或者依法成立的其他调解组织调解；

(3)向有关行政部门申诉；

(4)根据与经营者达成的仲裁协议提请仲裁机构仲裁；

(5)向人民法院提起诉讼。"

在《消费者权益保护法》中，处理争议的流程与途径主要包括以下几个方面。

一、协商解决

消费者和商家可以通过协商解决消费争议。双方可以通过面谈、电话、书面信函等方式进行沟通和协商，寻求共同的解决方案。消费者在与商家发生争议时，首先可以选

择与商家进行协商解决。消费者可以与商家沟通，表达自己的诉求和要求，并寻求双方的共识和妥协。协商解决是解决消费争议的最常见和最简便的方式，可以节省时间和精力。

二、申请仲裁

如果协商未能解决争议，消费者可以向消费者权益保护组织申请仲裁。消费者权益保护组织会派出专门的仲裁员进行调解处理。仲裁的结果具有法律效力，双方必须按照仲裁结果执行。

三、提起诉讼

如果仲裁未能解决争议，消费者可以向法院提起诉讼。消费者可以选择将争议提交给当地基层法院或者人民法院。法院将根据法律规定和证据进行审理，并作出判决。

根据《消费者权益保护法》，消费者在解决争议时可以选择以上的任何一种方式，也可以根据具体情况选择多种方式结合使用。此外，消费者还可以寻求消费者权益保护组织或者律师的法律援助和咨询服务，以获得专业的帮助和指导。《消费者权益保护法》的监督机构是国家市场监督管理总局和各级市场监督管理部门，他们有权对酒店《消费者权益保护法》的执行情况进行监督和检查，对违法行为进行处理和处罚。

《消费者权益保护法》第四十条规定："消费者在购买、使用商品时，其合法权益受到损害的，可以向销售者要求赔偿。销售者赔偿后，属于生产者的责任或者属于向销售者提供商品的其他销售者的责任的，销售者有权向生产者或者其他销售者追偿。消费者或者其他受害人因商品缺陷造成人身、财产损害的，可以向销售者要求赔偿，也可以向生产者要求赔偿。属于生产者责任的，销售者赔偿后，有权向生产者追偿。属于销售者责任的，生产者赔偿后，有权向销售者追偿。消费者在接受服务时，其合法权益受到损害的，可以向服务者要求赔偿。"

《消费者权益保护法》为消费者提供了多种途径和流程来解决消费争议，以确保消费者的合法权益得到保护。消费者可以根据具体情况选择适合自己的方式来解决争议，从而维护自己的合法权益。

知识点测试 5.3

任务四 明确相关法律责任

《消费者权益保护法》是我国消费者保护的基本法律，明确了相关法律责任，特别是与经营者相关的法律责任。

首先，根据《消费者权益保护法》，消费者因购买商品或者接受服务时受到人身损害的，可以向生产者、销售者或者服务者要求赔偿。生产者、销售者或者服务者应当承担赔偿责任，但能够证明其没有过错的除外。这意味着如果消费者因购买商品或接受服务而遭受了人身损害，可以向相关企业要求赔偿。企业应当承担赔偿责任，除非能够证

明自己没有过错。

《消费者权益保护法》第四十九条规定:"经营者提供商品或者服务,造成消费者或者其他受害人人身伤害的,应当赔偿医疗费、护理费、交通费等为治疗和康复支出的合理费用,以及因误工减少的收入。造成残疾的,还应当赔偿残疾生活辅助具费和残疾赔偿金,造成死亡的,还应当赔偿丧葬费和死亡赔偿金。"

其次,企业和个体经营者如果以损害消费者合法权益为目的,串通欺诈消费者或其他企业、个体经营者的,应当依法承担民事责任。这条规定主要针对企业和个体经营者之间的欺诈行为,如果企业和个体经营者之间串通欺诈消费者或其他企业、个体经营者,将会面临民事责任。

《消费者权益保护法》第四十八条规定:"经营者提供商品或者服务有下列情形之一的,除本法另有规定外,应当依照其他有关法律、法规的规定,承担民事责任:

(1)商品或者服务存在缺陷的;

(2)不具备商品应当具备的使用性能而出售时未作说明的;

(3)不符合在商品或者其包装上注明采用的商品标准的;

(4)不符合商品说明、实物样品等方式表明的质量状况的;

(5)生产国家明令淘汰的商品或者销售失效、变质的商品的;

(6)销售的商品数量不足的;

(7)服务的内容和费用违反约定的;

(8)对消费者提出的修理、重作、更换、退货、补足商品数量、退还货款和服务费用或者赔偿损失的要求,故意拖延或者无理拒绝的;

(9)法律、法规规定的其他损害消费者权益的情形。"

此外,如果企业和个体经营者违反《消费者权益保护法》规定,侵犯消费者合法权益,造成损失的,应当依法承担赔偿责任。这意味着如果企业和个体经营者违反了《消费者权益保护法》,侵犯了消费者的合法权益,导致消费者遭受了损失,企业和个体经营者应当承担赔偿责任。

最后,消费者组织及其工作人员在依法履行职责时,受到威胁、打击、报复或其他干扰的,有权向有关行政机关、监察机关或司法机关申请保护。这条规定保护了消费者组织及其工作人员的合法权益,如果他们在履行职责时受到威胁、打击、报复或其他干扰,可以向有关机关申请保护。

知识点
测试 5.4

国家有关行政部门和消费者组织对违法行为有权依法采取制止、查封、扣押、罚款、没收违法所得等行政措施。国家有关行政部门和消费者组织对违法行为还有权依法采取责令改正、警告、罚款等行政处罚。这表明国家有关部门和消费者组织对违法行为有权采取一系列行政措施和处罚措施,以维护消费者的合法权益。

《消费者权益保护法》规定了消费者的权利和义务,明确了企业和个体经营者的责任和义务,同时也规定了国家有关部门和消费者组织的职责和权力。消费者可以通过法律手段维护自己的权益,而企业和个体经营者也要承担相应的法律责任。《消费者权益保护法》的出台对于促进消费者保护工作的开展,维护市场秩序,推动经济发展具有重要意义。

项目小结

该项目介绍了《消费者权益保护法》出台的背景和意义、实施和效果，从消费者的权利和义务、商家的义务和责任以及消费者权益保护组织三个方面阐述了《消费者权益保护法》的基本内容，并进一步明确了处理争议的流程与途径，最后明确了《消费者权益保护法》相关主体的法律责任。

Note

项目六
《民法典》法律制度

学习目标

知识目标

1. 了解《民法典》的基本内容，包括其定义、适用范围和法律要素；
2. 理解酒店行业中与隐私和个人信息保护相关的法规和政策，包括数据收集、存储和处理的规定；
3. 掌握侵权责任的基本法律原则，了解在酒店经营中可能涉及的侵权情形和相应的法律后果。

能力目标

1. 能够运用《民法典》的基本原则和规定，分析和解决酒店经营中的法律问题；
2. 具备收集、存储和处理客户个人信息的合规能力，确保隐私和个人信息安全；
3. 能够识别并应对可能出现的商标侵权行为，采取适当的法律措施保护酒店品牌权益。

素质目标

1. 培养法律意识和遵法守纪的素养，使学生在酒店经营过程中始终遵守相关法律法规，保持合规经营；
2. 培养学生敏锐的风险意识，能够在酒店经营中及时发现并应对潜在的法律风险，避免可能的法律纠纷；
3. 培养学生良好的商业道德和客户服务意识，在合规经营的基础上，提供优质的服务体验，维护酒店声誉和品牌形象。

关键概念

民法典　隐私　个人信息保护　侵权责任　商标侵权　合规经营

案例导入

案例一：隐私泄露事件

某酒店客户在预订时提供了个人信息，包括姓名、电话号码和信用卡账户等敏感信息。不幸的是，这些信息被酒店员工非法获取并滥用，导致部分客户遭受经济损失和个人隐私泄露的风险。如何保护客户的隐私和个人信息？酒店应承担怎样的法律责任？

案例二：商标侵权纠纷

某酒店以独特的标识和商标成功建立品牌形象，但在某处开设分店时，该地区已有一家同名酒店，这给消费者带来混淆，并对酒店业务造成了不利影响。如何解决这一商标侵权问题？酒店又应该承担什么样的法律责任？

通过以上案例引入，我们将深入研究《酒店法规与法律实务》中的关键主题：《民法典》基本内容、隐私和个人信息保护、侵权责任等。在本教材中，我们将分析相关法规和最新的法律解释，帮助读者掌握酒店行业中的法律知识，为经营提供全面的法律指导和风险防控策略。同时，我们还将通过实际案例和经典案例分析，帮助读者更好地理解法律条文，并能够熟练运用于实际操作中。

任务一　了解《民法典》的基本内容

随着社会的发展和进步，法律作为社会管理的重要工具，在各个行业中都起着至关重要的作用。酒店行业作为服务性行业的代表，也必须遵守相关法律法规，保障经营的合规性和客户的合法权益。而作为民事法律的基础，《中华人民共和国民法典》（以下简称《民法典》）对于酒店经营来说具有重要意义。本部分将详细介绍《民法典》的基本内容，包括其定义、适用范围和法律要素，并通过实际案例分析法律规定在酒店经营中的应用。

一、《民法典》的背景

《民法典》是指国家制定的民事法律的基本法规，用以规范个人与个人、个人与组织之间的民事权利和义务关系。《民法典》在建设社会主义法治国家、保障公民合法权益、维护社会公共利益等方面起着重要的法律地位和作用。我国经过长期的立法和修改工作，于 2020 年正式实施了全面的《民法典》，为民事法律的适用提供了全新的法律依据。

《民法典》的发布和实施，是我国民事法律体系建设的一项重大举措。《民法典》的制定立足于继承和发展我国现行民事法律制度，以人民利益为核心，坚持社会主义法治理念，注重保护公民、法人和其他组织的合法权益，促进社会公正和经济和谐发展。在酒店行业中，《民法典》的实施对于规范经营行为、保护客户权益具有重要意义。

Note

二、《民法典》的适用范围

《民法典》的适用范围主要涉及合同法、侵权责任法、物权法、婚姻家庭法等基本法律规定。在酒店行业中，以下方面涉及了《民法典》的适用：

1. 合同法

酒店与客户之间的预订、入住、消费等行为都属于合同关系，需要根据合同法的规定进行合理约定和履行。例如，在客户预订房间时，酒店应当明确约定价格、服务内容、入住权益等，确保双方的权益得到保护。

2. 侵权责任法

酒店作为服务提供者，应采取必要的措施保护客户的合法权益，避免因过失或其他原因给客户造成损害，并承担相应的法律责任。例如，如果酒店的设施存在安全隐患，导致客户受伤，酒店应承担侵权责任，并根据《民法典》相关规定赔偿客户的损失。

3. 物权法

酒店作为财产的使用者，需要符合物权法的规定，保证对客户提供的住宿设施和服务的所有权、使用权和收益权。例如，酒店应当妥善保管客户的贵重物品，并确保客房设施的正常使用和维护，不得侵犯客户的物权。

4. 婚姻家庭法

酒店有时会承办婚宴等婚姻家庭活动，需要遵守婚姻家庭法的相关规定，确保活动的合法性和客户的权益。例如，酒店承办婚宴应合法经营，确保新人的合法权益，同时遵守婚姻家庭法对婚宴的一些具体规定，如场地安全、卫生等。

以上仅是酒店经营中的一些典型例子，实际上，在酒店运营过程中还会涉及其他方面的法律，如《劳动法》《消费者权益保护法》等。

三、《民法典》的法律要素

《民法典》作为一部规范民事关系的法律，具有以下重要的法律要素。

1. 同等地位原则

《民法典》强调个人和组织之间的法律地位平等，不论是自然人还是法人，在民事活动中应享有同等权利和承担同等责任。酒店作为法人应当尊重客户的合法权益，不能因为客户的身份或地位的差异对待客户。

2. 自主意思原则

《民法典》倡导尊重个人和组织的自主意愿，注重契约精神。当事人在交易中应当按照自己的意愿进行自由协商，并通过签订合同等形式确立权利义务关系。酒店与客户之间的各种交易行为都应基于自愿和平等原则，不得利用其经济优势或其他手段对客户进行不正当影响。

3. 诚信原则

《民法典》强调当事人应恪守诚实守信的原则，在民事活动中应遵循诚实与信用原则，不能利用欺诈手段和其他不正当手段实施民事行为。酒店在与客户签订合同或提供服务过程中应以诚实和信用为基础，遵循契约精神和商业道德。

4. 系统性原则

《民法典》形成了一套系统、完备的民事法律制度，各部分之间具有内在的联系和相互补充的作用。酒店经营者需要全面理解和把握《民法典》涉及的各个领域的规定，综合运用这些规定来保护自身权益和客户权益。

以上是《民法典》的一些重要要素，是在酒店经营和处理与客户相关的法律事务时应重点关注的内容。

案例解析

为了更好地理解《民法典》在酒店经营中的具体应用，对案例导入中的案例进行解析。

案例一：隐私泄露事件

某酒店客户在预订时提供了个人信息，包括姓名、电话号码和信用卡账户等敏感信息。不幸的是，这些信息被酒店员工非法获取并滥用，导致部分客户遭受经济损失和个人隐私泄露的风险。在这种情况下，根据《民法典》的相关规定，酒店应当：

1. 实施严格的个人信息保护措施，确保客户信息的安全性和保密性。酒店应建立健全信息管理制度，包括合理使用和保护客户信息的安全措施，防止个人信息被非法获取和滥用。

2. 对于员工的违规行为，酒店应该承担相应的雇主责任，包括可能的赔偿责任和道德法律上的谴责。酒店应加强员工教育和管理，提高员工对个人信息保护的意识，在实际操作中切实防范个人信息泄露的可能。

3. 酒店根据损害的事实和原因，可能需要承担民事侵权责任，向客户提供适当的赔偿，并采取措施防止类似事件再次发生。如果客户因个人信息泄露而遭受了经济损失，酒店需要承担相应的赔偿责任，积极采取补救措施，修复客户的损失。

案例二：商标侵权纠纷

某酒店以独特的标识和商标成功建立品牌形象，但在某处开设分店时，该地区已有一家同名酒店。这给消费者带来混淆，并对酒店业务造成了不利影响。根据《民法典》的相关规定，酒店应当：

1. 保护自身的商标权益，通过商标注册等手段确立自己的权利。在酒店运营过程中应重视商标的保护工作，及时申请商标注册，并积极维护自身商标的合法权益。

2. 对于侵权行为，酒店可以采取法律手段进行维权，包括起诉对方商标侵权、要求停止侵权行为和索赔等。如果发现他人使用与自身商标相同或相似的商标，酒店应及时采取相应的法律措施，保护自身的商标权益。

3. 酒店需要履行严格的商业道德，遵守商业伦理和法律法规，在品牌建设中强化商标的独特性和知名度。酒店经营者应确保自己的商标设计和使用不侵犯他人的合法权益，并积极维护自己的品牌形象。

以上案例提供了实际情况下《民法典》的应用场景，在酒店经营过程中，经营者应及时了解和运用相关法律规定，确保合规经营并保护自身和客户的合法权益。

任务二　熟悉隐私和个人信息保护

随着互联网和信息技术的快速发展,个人信息的泄露和滥用问题愈发突出。为了保护公民的隐私权益,我国采取了一系列措施,其中包括《民法典》中的相关规定。本部分将详细介绍隐私和个人信息保护的基本概念、我国的法律规定以及酒店经营者应采取的措施。

一、个人隐私与个人信息保护的概念

个人隐私是指个人生活、个人行动、个人意愿等不希望被他人知晓的范围。在数字化时代,个人隐私也包括个人电子邮件、通讯录、社交媒体账号、浏览记录等与个人有关的数据。

个人信息是指可以单独或与其他信息结合后识别特定个人身份的各种信息。个人信息一般包括姓名、身份证号码、手机号码、地址、银行账号等。

个人隐私权和个人信息保护权是公民的基本权利之一,也是国家依法保障的重要权益。保护个人隐私与个人信息的安全,既可以保障公民的合法权益,也有助于维护社会的稳定和秩序。

二、法律对个人隐私和个人信息保护的规定

我国目前有一系列法律法规对个人隐私和个人信息保护进行了规定,其中包括:

(1)《民法典》第一百一十一条明确规定:自然人的个人信息受法律保护。任何组织或者个人需要获取他人个人信息的,应当依法取得并确保信息安全,不得非法收集、使用、加工、传输他人个人信息,不得非法买卖、提供或者公开他人个人信息。

(2)《中华人民共和国网络安全法》对网络运营者的权利和义务进行了规范,要求网络运营者采取措施,确保个人信息的安全,并严禁非法获取、使用、泄露个人信息。

(3)《中华人民共和国电信条例》对电信业务经营者收集、使用和保护用户个人信息进行了规定,要求在收集个人信息时需经过用户同意并告知收集的目的、范围和方式。

(4)《中华人民共和国消费者权益保护法》明确规定企事业单位应当保护消费者的个人信息,不得非法获取、使用或向他人提供。

(5)《中华人民共和国刑法》对非法获取、出售或者非法向其他人提供个人信息的行为进行了法律制裁,明确规定了个人信息的保护措施。

此外,还有一些相关法律法规也与个人信息保护有关,如《中华人民共和国劳动合同法》等。

三、酒店经营中的个人信息保护措施

酒店作为服务提供者,大量涉及客户信息的收集和使用,应当重视个人信息的保

护。以下是酒店经营者应采取的个人信息保护措施:

1. 合法合规收集

酒店经营者在收集客户个人信息时,应严格遵守法律规定,只收集与经营活动相关的必要信息,并在明确告知客户的前提下,取得客户的明示同意。

2. 安全存储和保护

酒店经营者应建立健全的信息管理制度和安全保护措施,确保客户个人信息的安全性和保密性。采取物理安全、技术安全和管理安全等多层次的措施,防止个人信息被非法获取、使用、泄露或损坏。

3. 合理使用和共享

酒店经营者在使用客户个人信息时应严格遵守法律法规的要求,确保信息的使用不超出约定的范围,同时与合作伙伴分享客户个人信息时需签署保密协议,确保信息在受到适当保护的情况下进行共享。

4. 具体保护措施

酒店经营者可以采取密码加密、网络流量监控、用户身份验证等技术手段,对个人信息进行安全防护。同时,限制员工对个人信息的访问权限,定期进行安全审计和漏洞扫描,及时修复发现的安全漏洞。

5. 法律合规和公开透明

酒店经营者应当遵守相关的法律法规和行业规范,明确告知客户个人信息的使用方式、存储期限、客户权利等,并采取适当的措施公开个人信息保护声明,让客户了解自己的权益和能够行使相应的权利。

6. 健全投诉处理机制

酒店经营者应设立个人信息保护专责部门或委员会,建立健全的投诉处理机制,并及时回应客户的投诉和查询。在发生个人信息泄露、滥用或其他安全事件时,应积极采取补救措施,减少潜在损失。

酒店经营者在实施个人信息保护措施时,应坚持依法合规的原则,加强对员工的信息保护培训和意识教育,确保整个组织都具备信息保护的责任意识。

个人隐私和个人信息保护是当代社会的重要议题,也是酒店经营者必须关注和重视的内容。《民法典》和相关法律法规对个人隐私和个人信息保护进行了明确的规定,酒店经营者应依法合规收集、存储、使用和保护客户个人信息。通过合法、正当且必要的个人信息保护措施,酒店经营者能够增强客户对酒店的信任度,提升服务质量,维护自身的良好声誉和品牌形象。只有通过科学有效的个人信息保护措施,才能实现个人隐私和个人信息的真正保护,促进数字经济的健康发展。

任务三 掌握侵权责任的基本内容

侵权责任是指在侵犯他人合法权益的行为中,侵权人应承担的责任。我国对侵权责任进行了明确的规定,主要包括《民法典》等法律法规。本部分将详细介绍侵权责任

的基本概念、种类、承担条件和责任形式。

一、侵权责任的基本概念

侵权行为是指违反法律规定，损害他人合法权益的行为。侵权责任是指因侵权行为导致的法律后果，即侵权人应当承担的法律责任。

侵权责任是保护个人、团体和社会公共利益的一种制度安排。依法确定和追究侵权责任，旨在通过法律手段维护社会公序良俗，保护人身、财产等合法权益，促进公平正义的实现。

二、侵权责任的种类

根据我国法律的规定，侵权责任可以分为以下几种：

1. 直接责任和间接责任

直接责任是指直接参与侵权行为的侵权人应承担的责任；间接责任是指与侵权行为有因果关系的其他人或单位应当承担连带责任。

2. 提供帮助责任

在他人发生侵权行为时，提供帮助并导致损害发生的人应承担相应的侵权责任。比如，知道他人将进行侵权行为但未加以制止或上报的人。

3. 法定责任和过错责任

法定责任是按照法律规定，无须证明侵权人的过错，只要发生了触犯法律规定的侵权行为，侵权人就应承担责任；过错责任是需要证明侵权人存在过失或故意行为导致侵权行为发生。

4. 合同责任和侵权责任

合同责任是根据合同关系产生的，当一方违反合同约定损害对方合法权益时，需要承担合同责任；而侵权责任是在没有合同关系的情况下，因违法侵权行为导致他人受到损害而需要承担责任。

三、承担侵权责任的条件

侵权责任的承担需要满足以下基本条件：

1. 违法行为

侵权行为必须违反法律规定，如损害他人生命健康、财产权益等合法权益。

2. 损害结果

侵权行为必须导致他人受到损害或者有损害的危险。

3. 因果关系

损害结果与侵权行为之间必须存在直接的因果关系，即侵权行为是造成损害结果的直接原因。

4. 过错

过错是指侵权人在侵权行为中存在过失或故意行为。对于过错责任，需要证明侵权人存在过错行为。

四、侵权责任的形式

侵权责任的形式主要包括以下几种：

1. 赔偿责任

侵权人应当承担对被侵权人的经济损失进行赔偿的责任。赔偿应当包括实际损失和可能获得的利益。

2. 恢复原状责任

侵权人应当采取措施消除侵权行为带来的不良影响，尽力恢复被侵权人的合法权益。

3. 停止侵权责任

侵权人被要求停止或禁止继续侵权行为的责任。在被判定为侵权后，侵权行为应该立即中止。

4. 道歉责任

侵权人应当向被侵权人公开道歉，以消除对被侵权人的名誉、声誉等造成的不良影响。

5. 惩罚性赔偿责任

当侵犯他人合法权益的行为具有恶意、重大过失或者违反法律的禁止性规定时，可酌情给予惩罚性赔偿。

典型的侵权责任案例包括肇事车主承担交通事故损害赔偿责任、产品生产商承担产品质量缺陷导致消费者受伤的责任、网络服务提供商侵犯用户隐私信息承担侵权责任等。

侵权责任是我国法律体系中的重要内容，通过对侵权责任的明确规定，维护了公民的合法权益，保障了社会的稳定和秩序。侵权责任主要涉及赔偿责任、恢复原状责任、停止侵权责任、道歉责任和惩罚性赔偿责任等，依据不同的侵权行为和损害程度，侵权人需要承担相应的责任形式。同时，侵权责任需要满足存在违法行为和损害结果、加害行为与损害事实之间有因果关系、行为人主观上有过错等条件才能成立。鉴于侵权责任的复杂性和专业性，个人和企业在面临可能涉及侵权的情况时，建议咨询相关专业人士或律师，以确保合法权益得到妥善保护。

知识点
测试 6.1

项目小结

2021 年 1 月 1 日，我国新《民法典》正式实施。《民法典》是我国民法的总称，是我国民事法律体系的基础和核心，学好《民法典》对于我们每个人都具有重要的意义，有助于我们更好地维护自己的合法权益。《民法典》规定了人民的基本权利，包括人身权、财产权、婚姻家庭权利等。只有了解这些权利，我们才能更好地保护自己的合法权益，避免受到侵害；《民法典》规定了人民的基本义务，包括履行合同、赔偿损失、保密等。只有了解这些义务，我们才能更好地履行自己的法律责任，避免违法行为的发生。《民法典》是我国民事法律体系的基础和核心，学好《民法典》可以帮助我们更好地了解我国的法律制度，提高我们的法律素养，更好地适应社会发展的需要。

项目七
劳动合同法律制度

学习目标

知识目标

1. 掌握我国《劳动合同法》的立法背景、基本原则和适用范围；
2. 熟悉合同订立的条件、形式和效力问题；
3. 了解合同履行的义务和方式；
4. 了解合同变更、转让和终止的情况、方式以及法律效力；
5. 了解违约责任的种类和适用条件，以及合同中的特别规定。

能力目标

1. 能够解读并理解《劳动合同法》的相关条款和规定；
2. 能够根据《劳动合同法》的规定判断合同的有效性；
3. 能够根据合同约定主张自己的权益并维护合同的履行；
4. 能够根据实际情况办理合同的变更、转让和终止手续；
5. 能够判断违约行为并主张相应的违约责任。

素质目标

1. 培养学生遵守《劳动合同法》的意识和素养；
2. 使学生具备合同订立和履行的诚实守信意识和能力；
3. 使学生具备认真履行合同义务和维护合同权益的责任感和自觉性；
4. 使学生具备合同管理和处理问题的灵活性和专业判断能力；
5. 培养学生守法诚信、经济责任意识和法律风险防范意识。

关键概念

《劳动合同法》 立法背景 基本原则 适用范围 变更 转让 终止 违约责任 特别规定 经济责任 风险防范

案例导入

小明是在一家名为"星辰大酒店"的知名连锁酒店工作了多年的前台服务员。某天，一位顾客预订了一间套房并支付了预订费用。然而，在顾客入住之前，酒店与另一家公司签订了一项合作协议，将该套房暂时用作会议室，导致顾客无法入住已经付费的房间。

这起案例引发了小明对于合同法律制度的思考。他意识到，了解合同法律制度对酒店从业人员至关重要，他必须掌握合同订立和履行的基本原则和条件，以及在如何变更、转让或终止合同时应该遵循的规定。

任务一　了解我国《劳动合同法》的基本情况

在日常生活和工作中，我们难免会涉及各种合同，无论是与他人签订租赁合同、购买商品合同还是从事劳动合同等，在合同关系的建立和履行过程中，了解和遵守我国的合同法律制度是非常重要的。本项目将介绍我国《劳动合同法》的基本情况，包括立法背景、基本原则、适用范围、条件、形式、效力等内容，以便读者能够全面了解并正确应用我国《劳动合同法》。

一、立法背景

新中国成立后，通过社会主义改造，我国企业用工制度也发生了根本的变化。在计划经济时期，我国实行的是以固定工为主体的用工制度，一次分配定终身。新中国的这一新的用工制度为中国经济的飞速发展提供了最好的人力资源，充分发挥了职工的主观能动性和生产积极性，工业建设的快速发展充分证明了这一点。

随着时间的推移，这一用工形式的弊端也慢慢呈现出来。1983 年的 2 月，劳动人事部下发了《关于积极试行劳动合同制的通知》，试行劳动合同制。但劳动合同制度开始试行时，只适用于国有企业招用的临时工。劳动合同制度试行几年后，1986 年国务院颁布《国营企业实行劳动合同制暂行规定》，此后，劳动合同制度在全国正式开始推广。

经过十几年的实践证明：劳动合同制度的确立，对于破除计划经济体制下行政分配式的劳动用工制度，建立与社会主义市场经济体制相适应的用人单位与劳动者双向选择的劳动用工制度，发挥市场在劳动力资源配置中的基础性作用，健全社会主义市场经济体制，发挥了重要作用。

现行的《中华人民共和国劳动合同法》由第十届全国人民代表大会常务委员会第二十八次会议于 2007 年 6 月 29 日修订通过，自 2008 年 1 月 1 日起施行，是为了完善劳动合同制度，明确劳动合同双方当事人的权利和义务，保护劳动者的合法权益，构建和发展和谐稳定的劳动关系而制定的法律条文。

2012 年 12 月 28 日，第十一届全国人民代表大会常务委员会第三十次会议对该法案进行修改，定于 2013 年 7 月 1 日起施行。

二、基本原则

我国《劳动合同法》遵循以下基本原则：

1. 合法原则

劳动合同的形式和内容必须符合法律、法规的规定。

2. 公平原则

劳动合同的内容、条件、效果等应当符合公平原则，劳动合同的双方公正、合理地确立双方的权利和义务。

3. 平等自愿原则

各方在合同订立和履行过程中应平等地享有权利和承担义务，不得存在一方强势压制弱势的情况；合同订立应基于各方的自愿意思表示，不得存在任何形式的欺诈、胁迫等不正当手段。

4. 协商一致原则

合同是双方意思表示一致的结果，劳动合同是合同的一种类型，也受到自由意志协商一致的制约。在订立劳动合同时，用人单位和劳动者都要仔细研究合同的每项内容，进行充分的沟通和协商，解决分歧，达成一致意见。

5. 诚实守信原则

合同当事人应当本着诚实守信的原则进行合同的订立和履行，按照合同约定的方式和期限履行义务，确保合同权利的实现，不得误导他人或以不正当手段谋取利益。

三、适用范围

《劳动合同法》的适用范围均为劳动关系领域。

《劳动合同法》第二条对其适用范围做出规定：中华人民共和国境内的企业、个体经济组织、民办非企业单位等组织（以下简称用人单位）与劳动者建立劳动关系，订立、履行、变更、解除和终止劳动合同，适用本法。

国家机关、事业单位、社会团体和与其建立劳动关系的劳动者，订立、履行、变更、解除或者终止劳动合同，依照本法执行。

了解我国《劳动合同法》的基本情况对于我们正确处理劳动关系、保护自身权益具有重要意义。理解《劳动合同法》，遵守法律法规，将有助于确保劳动关系的公平和顺利进行，并为维护合同当事人的合法权益提供有力保障。希望通过此项目的介绍，读者能够更加全面地了解我国《劳动合同法》的基本情况，增强对合同法律制度的认知和应用能力。

任务二 掌握劳动合同的订立与效力

劳动合同的订立是劳动关系形成的重要环节，只有经过合法有效的订立程序才能确保合同的效力和双方的权益。本任务将从合同的要素、订立程序以及合同效力的问题进行详细介绍。

一、劳动合同的要素

劳动合同是自愿订立的具有约束力的协议，它具有以下要素。

1. 协议意思

劳动合同双方通过自愿协商达成一致，就劳动内容、报酬、工时等事项达成共识，并表达了双方真实的意思。

2. 客体

劳动合同关系的客体是雇佣劳动，即雇主支付报酬和提供工作岗位，雇员为雇主提供劳动力和技能。

3. 有对价

雇主支付工资、福利待遇等构成对价，雇员提供劳动作为回报。

4. 主体资格

雇佣合同的主体可以是具备相应劳动能力和完全民事行为能力的个体或组织。

应订立劳动合同的人员包括：①试用期员工；②临时工；③农民工；④本单位外派人员；⑤本单位下(待)岗的人员；⑥主要在本单位工作，按期从本单位领取劳动报酬的自然人和股东等。

5. 合法目的和内容

合同的目的必须合法，不能违背国家法律法规，合同内容必须明确具体，不得违反法律、行政法规以及《劳动合同法》等相关规定。

二、劳动合同的订立程序

1. 协商

雇主和雇员应当通过平等自愿的协商确定各项劳动条件，并在此基础上达成意向。

2. 书面形式

根据《劳动合同法》，合同应采取书面形式，并由双方签字或盖章确认。

3. 签订合同

双方在合同中约定雇佣的事项，包括工作内容、工时、报酬、工作场所、劳动保护、双方权利义务等，并在合同上签字或盖章。

4. 审核

在一些情况下，合同需要经过用人单位所在地的劳动行政部门审核，才能获得合同

效力。

5. 存档备案

劳动合同的一份原件由用人单位保留，一份交给劳动者，并根据国家规定，必须将劳动合同备案。

三、合同效力的问题

1. 劳动合同的有效期

劳动合同的有效期应当根据劳动需要和合同类别来确定。可以是固定期限合同、无固定期限合同，也可以是以完成一定工作任务为期限的劳动合同。

按照《劳动合同法》的规定：用人单位自用工之日起即与劳动者建立劳动关系；用人单位与劳动者在用工前订立劳动合同的，劳动关系自用工之日起建立；已建立劳动关系，未同时订立书面劳动合同的，应当自用工之日起一个月内订立书面劳动合同。

2. 劳动合同解除和终止

劳动合同解除和终止可以是合同到期、双方协商一致、达到法定解除条件或者一方提前通知等。

3. 劳动合同效力的变更和补充

双方可以根据实际情况，通过协商一致对合同进行变更和补充。必须经过书面形式记录，并签字或盖章确认。

4. 劳动合同的附条件

劳动合同中可以依法约定特殊条件，如试用期、培训期、保密条款等。这些附条件在合同中应当明确并符合法律规定。

5. 劳动合同效力的追认

违反法律、行政法规规定的劳动合同，如果劳动者同意，可以追认为有效。

在掌握了劳动合同的要素、订立程序和合同效力的问题后，雇主和雇员可以更好地保护自己的权益，并避免在合同订立过程中发生纠纷和争议。同时，深入了解合同的订立与效力也有助于提高双方对劳动合同法律制度的法律意识，促进和谐劳动关系的建立与发展。

《劳动合同法》是为了完善劳动合同制度，明确劳动合同双方当事人的权利和义务，保护劳动者的合法权益，构建和发展和谐稳定的劳动关系的法律。有利于加大国家宏观调控力度，通过法律手段引导国家经济良性循环并且持续发展，积极应对经济全球化中的各种挑战。而对于企业和员工双方来说，从订立合同开始就完全遵守法律法规，更是为双方的权益保障打下了坚实的基础。

任务三　明确劳动合同的履行

劳动合同的履行是指当事人按照合同约定的条款和条件，履行各自的义务和责任，

确保合同目的的实现。在合同履行过程中,双方应明确合同的主体、履行内容和方式、履行期限以及履行的义务和责任等要素,并注重履行的效果和保障。下面将详细阐述合同履行的相关内容。

《劳动合同法》第二十九条规定:用人单位与劳动者应当按照劳动合同的约定,全面履行各自的义务。

《劳动合同法》第三十条规定:用人单位应当按照劳动合同约定和国家规定,向劳动者及时足额支付劳动报酬。

用人单位拖欠或者未足额支付劳动报酬的,劳动者可以依法向当地人民法院申请支付令,人民法院应当依法发出支付令。

《劳动合同法》第三十一条规定:用人单位应当严格执行劳动定额标准,不得强迫或者变相强迫劳动者加班。用人单位安排加班的,应当按照国家有关规定向劳动者支付加班费。

《劳动合同法》第三十二条:劳动者拒绝用人单位管理人员违章指挥、强令冒险作业的,不视为违反劳动合同。

劳动者对危害生命安全和身体健康的劳动条件,有权对用人单位提出批评、检举和控告。

在劳动合同履行中应注意的问题如下。

1.工时制度

(1)标准工时制。

每天工作不超过8小时,每周工作不超过40小时,每周至少保证劳动者休息1天。

加班每天不得超过1小时,特殊情况每天不超过3小时,但每月不得超过36小时。

(2)综合计算工时制。

无法实行标准工作制的,可以申请综合计算工时制。即以周、月、季、年为周期综合计算工作时间,但平均日工作时间和平均周工作时间应当与法定标准工作时间基本相同,即平均每日不超过8小时,平均每周不超过40小时。

2.关于工资支付方面的制度

工资应当以货币形式支付,不得以实物及有价证券替代货币支付,工资至少每月支付一次。

因劳动者本人原因给用人单位造成经济损失的,用人单位可以从劳动者本人的工资中扣除,但每月扣除的部分不得超过劳动者当月工资的20%,若扣除后的工资低于当地最低工资标准的,则按最低工资标准支付。

除以下情况外,不按时支付工资均属无故拖欠:企业遇到非人力所能抗拒的自然灾害、战争等原因无法按时发放工资的;企业确因生产经营困难,资金周转受到影响,在征得本单位职工代表大会同意后,可暂时延期支付劳动者工资,延长时间最长不得超过一个月。

无故拖欠工资的,除支付拖欠工资外还应按应付工资的50%—100%向劳动者加付赔偿金。

合同的履行需要明确合同的履行内容和方式、履行期限以及履行的义务和责任。同时,注重履行效果和保障双方权益对于确保合同权益的实现非常关键。当事人应积

极履行合同义务，并采取相应的措施和机制，以确保合同的顺利履行和有效保障双方权益。

任务四　掌握劳动合同的变更、终止和解除

合同的变更与解除是合同法律制度中重要的内容，能够帮助合同当事人在实际情况变化时进行合理调整，或者在合同履行完成后结束合同关系。本任务将详细介绍合同的变更、转让和终止的情况、方式以及法律效力。

一、合同的变更

合同的变更是指合同在履行期间，双方协商一致对合同内容、条件等方面进行调整或修改。具体情况包括但不限于以下几种。

1. 合同条款的修改

双方当事人可以通过协商一致，在合同条款方面进行修改，例如调整工资、工作时间、岗位职责等。

2. 合同附加条款的增加或删除

双方当事人可以在合同中增加或删除附加条款，用于进一步明确双方权利义务，如保密条款、竞业限制条款等。

3. 合同履行的方式修改

在履行合同过程中，双方根据实际情况可以协商修改合同履行的方式，例如变更工作地点、调整工作时间等。

4. 合同变更的方式应当遵循的原则

(1)自愿原则。

双方变更合同应基于自愿协商，不得强制或欺诈对方。

(2)合法原则。

合同变更的内容和方式应符合法律的规定，不得违反国家法律法规的要求。

(3)书面形式原则。

变更合同一般应采用书面形式，并由双方在合同上签字或盖章确认。

《劳动合同法》第三十三条规定：用人单位变更名称、法定代表人、主要负责人或者投资人等事项，不影响劳动合同的履行。

《劳动合同法》第三十四条规定：用人单位发生合并或者分立等情况，原劳动合同继续有效，劳动合同由承继其权利和义务的用人单位继续履行。

《劳动合同法》第三十五条规定：用人单位与劳动者协商一致，可以变更劳动合同约定的内容。变更劳动合同，应当采用书面形式。

变更后的劳动合同文本由用人单位和劳动者各执一份。

二、合同的终止和解除

合同的终止是指合同关系在合同履行完毕之后结束。具体情况包括但不限于以下几种。

1. 合同期满终止

若合同中明确规定了合同期限,并在到期日履行完毕,合同即自动终止。

2. 双方协商解除

双方当事人可在合同履行期间协商一致解除合同,合同解除需明确约定解除事由和解除程序。

3. 法定解除

根据法律规定,存在特定情况下可解除合同,如一方丧失民事行为能力、无法履行合同等。

4.劳动者单方解除劳动合同的情形

(1)预告解除。

《劳动合同法》第三十一条规定:劳动者提前 30 日以书面形式通知用人单位,可以解除劳动合同。

(2)试用期解除。

《劳动合同法》第三十七条规定,劳动者在试用期提前三日通知用人单位,可以解除劳动合同。

有以下情形之一,可以随时解除劳动合同:

①用人单位未按照劳动合同约定提供劳动保护或劳动条件的;

②用人单位未及时足额支付劳动报酬的;

③用人单位未依法为劳动者缴纳社会保险的;

④用人单位的规章制度违反法律、法规规定,损害劳动者权益的;

⑤由于用人单位原因,导致劳动合同无效的。

有以下情形之一,应立即解除劳动合同:

①用人单位以暴力、威胁或者非法限制人身自由的手段强迫劳动者劳动的;

②用人单位违章指挥,强令冒险作业危及劳动者人身安全的。

5.用人单位单方解除劳动合同的情形

(1)单方无偿解除。

①劳动者在试用期间被证明不符合录用条件的;

②劳动者严重违反用人单位的规章制度的;

③劳动者严重失职,营私舞弊,给用人单位造成重大损害的;

④劳动者同时与其他用人单位建立劳动关系,对完成本单位工作任务造成严重影响,或经用人单位提出,拒不改正的;

⑤劳动者采用欺诈、胁迫的手段或乘人之危,使用人单位在违背真实意思的情况下订立或变更劳动合同的;

⑥劳动者被依法追究刑事责任的。

(2)单方有偿解除。

①劳动者患病或非因工负伤，在规定的医疗期满后，不能从事原工作也不能从事由用人单位另行安排的工作；

②劳动者不能胜任工作岗位，经过培训或重新调整工作岗位，仍不能胜任工作的；

③劳动合同订立时所依据的客观情况发生重大变化，致使劳动合同无法履行，经双方协商，未能就变更劳动合同内容达成协议的；

6. 用人单位不得解除劳动合同的情形（解雇保护）

①从事接触职业病危害作业的劳动者未进行离岗前职业健康检查，或者疑似职业病病人在诊断或医学观察期间的；

②劳动者在患职业病或因工负伤被确认丧失或部分丧失劳动能力的；

③劳动者患病或非因工负伤，在规定的医疗期内的；

④女职工在孕期、产期、哺乳期内的；

⑤劳动者在本单位连续工作满 15 年，且距法定退休年龄不足 5 年的；

⑥法律、行政法规规定的其他情形。

合同的变更、终止和解除对于合同当事人来说，是调整和结束合同关系的重要手段。合同的变更和转让需要经过协商一致，并符合法律规定；合同的终止需要根据合同约定、法律规定或双方协商一致进行。合同当事人在进行变更、转让和终止时应理性对待，确保自身权益得到合法保护。

任务五　了解劳动合同的违约责任与特别规定

违约责任是指在合同履行过程中，当事人未能按照合同约定的方式和条件履行自己的义务所引起的法律后果。合同一旦发生违约情况，根据法律的规定，违约方需要承担相应的违约责任。特别规定是指在合同中对某些重要条款或特殊情况进行特别约定的条款，以更好地适应特定的实际情况。下面将详细介绍违约责任和特别规定的相关内容。

一、违约责任

违约的情况下需要支付违约金，违约金是合同中约定的，当事人一方不履行合同时向对方交纳的一定数额的金钱。《劳动合同法》对违约金实行了限制性规定。

劳动者违反服务期约定要求提前解除合同的，应当按照约定向用人单位支付违约金。违约金的数额不得超过用人单位提供的培训费用，不得超过服务期尚未履行部分所应分摊的培训费用。用人单位与劳动者约定服务期的，不影响按照正常的工资调整机制提高劳动者在服务期期间的劳动报酬。从此规定看，假如没有培训费就不能约定违约金。

用人单位与劳动者可以在劳动合同中约定保守商业秘密和与知识产权相关的保密事项。对负有保密义务的劳动者可以约定离职后竞业限制条款，为保证这些约定能够

执行可以约定违约金。

除上述两种情形外，用人单位不得与劳动者约定由劳动者承担的违约金。

《劳动合同法》的这些规定，有效地遏制了用人单位动辄在劳动合同中对劳动者约定高额违约金，阻碍劳动者自由择业、自由流动的权利，保障了劳动者的合法权利。

二、特别规定

劳动合同的特别约定包括如下几个方面。

1. 集体合同

指用人单位与本单位职工根据法律、法规、规章的规定，就劳动报酬、工作时间、休息休假、劳动安全卫生、职业培训、保险福利等事项，通过集体协商签订的书面协议。

依法订立的集体合同对用人单位和劳动者具有约束力。行业性、区域性集体合同对当地本行业、本区域的用人单位和劳动者具有约束力。

集体合同中劳动报酬和劳动条件等标准不得低于当地人民政府规定的最低标准；用人单位与劳动者订立的劳动合同中劳动报酬和劳动条件等标准不得低于集体合同规定的标准。

用人单位违反集体合同，侵犯职工劳动权益的，工会可以依法要求用人单位承担责任；因履行集体合同发生争议，经协商解决不成的，工会可以依法申请仲裁、提起诉讼。

2. 劳务派遣

劳务派遣又称人才派遣、人才租赁、劳动派遣、劳动力租赁，是指由劳务派遣机构与派遣劳工订立劳动合同，由派遣劳工向实际用工单位给付劳务，劳动合同关系存在于劳务派遣机构与派遣劳工之间，但劳动力给付的事实则发生于派遣劳工与实际用工单位之间。

劳务派遣单位应当与被派遣劳动者订立二年以上的固定期限劳动合同，按月支付劳动报酬；被派遣劳动者在无工作期间，劳务派遣单位应当按照所在地人民政府规定的最低工资标准，向其按月支付报酬。

被派遣劳动者享有与用工单位的劳动者同工同酬的权利。用工单位无同类岗位劳动者的，参照用工单位所在地相同或者相近岗位劳动者的劳动报酬确定。

3. 非全日制职工

是指以小时计酬为主，劳动者在同一用人单位一般平均每日工作时间不超过四小时，每周工作时间累计不超过二十四小时的用工形式。

非全日制用工双方当事人可以订立口头协议。从事非全日制用工的劳动者可以与一个或者一个以上用人单位订立劳动合同；但是，后订立的劳动合同不得影响先订立的劳动合同的履行。

非全日制用工双方当事人不得约定试用期。非全日制用工双方当事人任何一方都可以随时通知对方终止用工。终止用工，用人单位不向劳动者支付经济补偿。

非全日制用工小时计酬标准不得低于用人单位所在地人民政府规定的最低小时工资标准。非全日制用工劳动报酬结算支付周期最长不得超过十五日。

劳动合同除前款规定的必备条款外，用人单位与劳动者可以约定试用期、培训、保守秘密、补充保险和福利待遇等其他事项，但是，约定其他条款不得违反法律、法规的规定。

总结起来，违约责任和特别规定是合同中重要的内容之一。了解违约责任和特别规定有助于合同当事人明确各自的权利和义务，并在合同履行过程中能够妥善处理违约情况，减少纠纷的发生。因此，当事人在签署合同时应严格遵循合同的约定，并咨询专业人士以便全面了解违约责任和特殊规定的影响，进而保护自身权益，确保合同的有效履行。

对于《劳动合同法》的学习与贯彻是非常重要且有必要的。遵守《劳动合同法》有利于理顺劳动关系，在权衡国家、企业、劳动者三者利益的基础上，最大限度地保护劳动者的合法权益，努力构建和谐稳定的劳动关系和社会环境；有利于加大国家宏观调控力度，缩小贫富差距，通过法律手段引导国家经济良性循环、持续发展，积极应对经济全球化过程中面对的各种挑战有利于用人单位顺应劳动关系立法变化的趋势，加快人力资源管理制度的构建和完善，推进用人体制机制的建设和创新，增强企业的凝聚力、向心力，减小人事相关管理过程中可能遇到的法律风险，促进用人单位长远稳定发展。

项目小结

《中华人民共和国劳动合同法》是规范劳动关系的一部重要法律，它重在保护劳动者的合法权益，被誉为劳动者的“保护伞”。这部法律在制定过程中广泛听取、吸收了社会各方面意见，是民主立法、科学立法的典范。从世界范围来看我国的《劳动合同法》处于先进之列，甚至有学者认为是最先进的。作为我国劳动保障法制建设进程中的一个重要里程碑，《劳动合同法》的颁布实施具有深远意义。劳动合同是产生劳动法律关系的法律事实，是建立劳动关系的基本形式。劳动者同用人单位订立劳动合同，对于保障劳动者的合法权益，合理使用劳动力，增强企业活力，发挥劳动者的积极性和创造性，提高劳动生产率，促进社会主义现代化建设，都有重要的作用。

知识点
测试 7.1

项目八
劳动法律制度

学习目标

知识目标

1. 了解我国《劳动法》的概况；
2. 掌握劳动合同的基本内容；
3. 明确关于休息休假、工作时间的规定；
4. 掌握社会保险的基本内容；
5. 掌握劳动争议的处理方式。

能力目标

1. 能妥善签订劳动合同；
2. 能运用劳动法处理劳动争议。

素质目标

1. 培养学生良好的服务意识；
2. 培养学生的交流沟通能力；
3. 培养学生的法律意识。

关键概念

无固定期限劳动合同　养老保险　医疗保险　失业保险　工伤保险　生育保险　劳动争议调解

案例导入

某酒店是一家知名度较高的五星级酒店，拥有数百名员工。近期，酒店员工对于工作环境和待遇同该酒店引发了一系列的劳动争议。员工们认为自己的劳动权益受到了侵害，要求酒店方改善工作条件和提高薪资待遇。酒店方表示，员工的要求超出了其经济承受能力，无法满足其所有要求。双方陷入僵持状态，劳动争议无法得到解决。

思考：在这种情况下，可以考虑通过哪些方式解决劳动争议？

任务一　中国劳动法的基本情况

中国劳动法是指我国劳动法律体系中的核心法律，主要包括《中华人民共和国劳动法》（以下称《劳动法》）和《中华人民共和国劳动合同法》（以下称《劳动合同法》）。这两部法律是中国劳动法律体系的基石，为保护劳动者的权益、规范劳动关系的发展提供了法律保障。

酒店行业作为服务性行业，员工的素质和服务态度直接影响着顾客的满意度和酒店的形象。如果员工的权益得不到保障，劳动关系不和谐，就会影响员工的工作积极性和服务态度，进而影响酒店的经营和发展。《劳动法》的制定和实施，可以保障劳动者的基本权益，促进形成和谐的劳动关系，提高酒店员工的工作积极性和改善服务态度，从而提升酒店的服务质量和品牌形象。

一、《中华人民共和国劳动法》

《劳动法》是我国劳动法律体系的基本法律，于 1995 年 1 月 1 日起施行，是我国劳动法律体系的基石。该法律共计 107 条，涉及劳动者权益保护、劳动合同、工资福利、工时休假、劳动保护等多个方面。

1. 劳动者权益保护

《劳动法》明确规定了劳动者的基本权益，包括劳动报酬、工作时间和休假、社会保险和福利、劳动条件和环境、劳动保护等。该法律要求用人单位必须保障劳动者的基本权益，禁止歧视、虐待、侮辱劳动者。

2. 劳动合同

《劳动法》规定了劳动合同的签订、变更、解除等相关规定。劳动合同是用人单位与劳动者之间约定劳动关系的主要依据，用人单位必须依法与劳动者签订劳动合同，并履行合同约定的义务。

3. 工资福利

《劳动法》规定了工资支付的基本原则和方式，要求用人单位按照劳动合同约定的工资标准和支付周期支付工资。此外，该法律还规定了加班工资、年度奖金、福利待遇等相关规定。

4. 工时休假

《劳动法》规定了工作时间和休假的相关规定。工作时间一般不超过 8 小时，超过 8 小时的工作需要支付加班工资。此外，该法律还规定了法定假日、年休假、婚假、产假等休假制度。

案例解析

恰逢旅游旺季，某酒店生意火爆，但由于人手不足，为了酒店的正常运营，该酒店的员工每天工作12小时以上，甚至有员工连续工作20多个小时。该酒店被劳动监察部门罚款。

思考：1. 关于工作时间，《劳动法》是如何规定的？

2. 员工的超负荷工作会对酒店产生怎样的影响？

5. 劳动保护

《劳动法》规定了劳动保护的相关规定，包括劳动安全卫生、女职工保护、未成年劳动者保护、残疾人就业等。用人单位必须保障劳动者的劳动安全和健康，为特殊群体提供相应的保护。

二、《劳动合同法》

《劳动合同法》是我国劳动法律体系中的重要法律，于2008年1月1日起施行。该法律共计98条，主要规定了劳动合同的订立、履行、变更、解除等相关规定，进一步加强了劳动合同的保护力度，详见项目七。

中国劳动法作为我国劳动法律体系的核心法律，为保护劳动者的权益、规范劳动关系的发展提供了法律保障。《劳动法》和《劳动合同法》是中国劳动法律体系的基石，涵盖了劳动者权益保护、劳动合同、工资福利、工时休假、劳动保护等多个方面。这些法律不仅规定了用人单位的义务和责任，也明确了劳动者的权益和保护措施，为构建和谐劳动关系提供了重要的法律基础。

酒店行业是一个劳动密集型行业，涉及大量的劳动力和劳动合同。在酒店行业中，常常会发生各种涉及《劳动法》和《劳动合同法》方面的纠纷。深入地了解我国《劳动法》的基本情况，可以帮助酒店加强管理，保障员工的合法权益，提高酒店的整体竞争力。

知识点测试8.1

任务二 劳动合同的基本内容

中国劳动法是我国劳动法律体系的重要组成部分，旨在保护劳动者的合法权益，规范劳动关系的建立和发展。中国劳动法有关劳动合同的基本内容如下。

一、劳动合同的订立

1. 劳动合同的定义

劳动合同是用人单位与劳动者之间达成的书面或口头协议，明确双方的权利和义务。

2. 劳动合同的订立程序

劳动合同的订立程序包括招聘、面试、签订合同等流程，劳动合同的要素包括合同期限、工作内容、工作地点、工作时间、劳动报酬等。

3. 劳动合同的形式要求和书面化原则

劳动合同应当采取书面形式，并强调书面化原则的重要性。

《劳动合同法》第十条规定，建立劳动关系，应当订立书面劳动合同。已建立劳动关系，未同时订立书面劳动合同的，应当自用工之日起一个月内订立书面劳动合同。用人单位与劳动者在用工前订立劳动合同的，劳动关系自用工之日起建立。

《劳动合同法》第八十二条规定，用人单位自用工之日起超过一个月不满一年未与劳动者订立书面劳动合同的，应当向劳动者每月支付二倍的工资。用人单位违反本法规定不与劳动者订立无固定期限劳动合同的，自应当订立无固定期限劳动合同之日起向劳动者每月支付二倍的工资。

二、劳动合同的内容和履行义务

1. 劳动合同的内容要素

劳动合同应包括劳动报酬、工作时间、休假制度、劳动保护、社会保险等方面的内容。

《劳动合同法》第十七条规定，劳动合同应当具备以下条款：

(1)用人单位的名称、住所和法定代表人或者主要负责人；

(2)劳动者的姓名、住址和居民身份证或者其他有效身份证件号码；

(3)劳动合同期限；

(4)工作内容和工作地点；

(5)工作时间和休息休假；

(6)劳动报酬；

(7)社会保险；

(8)劳动保护、劳动条件和职业危害防护；

(9)法律、法规规定应当纳入劳动合同的其他事项。

劳动合同除前款规定的必备条款外，用人单位与劳动者可以约定试用期、培训、保守秘密、补充保险和福利待遇等其他事项。

2. 酒店行业劳动合同的内容要素

(1)合同主体信息。

用人单位信息：包括酒店名称、注册地址、法定代表人或负责人联系方式等。

劳动者信息：包括劳动者姓名、性别、身份证号码、联系方式等。

(2)工作岗位及职责。

工作岗位：明确劳动者所从事的具体工作岗位，例如前台接待、客房服务、餐饮服务等。

工作职责：详细描述劳动者在工作岗位上需要承担的具体职责和任务。

(3)工作时间和休假。

工作时间：规定劳动者的工作时间安排，包括每日工作小时数、工作日和休息日的安排等。

休假制度：明确劳动者的带薪休假、年假等休假制度，以及休假申请和批准的程序。

(4)薪酬福利。

工资待遇：规定劳动者的基本工资、绩效工资、津贴、奖金等工资组成部分，以及工资支付时间和方式。

福利待遇：包括社会保险、住房公积金、餐饮福利、员工优惠等福利待遇的具体内容和享受条件。

(5)劳动保护。

工作环境：描述用人单位为劳动者提供的工作环境和条件，包括安全设施、防护用具等。

劳动保护：规定用人单位对劳动者的劳动保护措施，包括劳动安全教育、职业病防护、紧急救援等。

(6)劳动合同的解除和终止条件。

解除条件：规定劳动合同解除的条件，包括双方协商解除、劳动者辞职、用人单位解雇等情况。

终止条件：规定劳动合同终止的条件，例如劳动者退休、到期终止等情况。

(7)违约责任和争议解决方式。

违约责任：规定双方违约的后果和责任，包括违约金、赔偿等。

争议解决：约定双方在发生劳动合同纠纷时的解决方式，可以包括协商解决、劳动争议调解、仲裁等。

(8)其他条款。

保密条款：约定劳动者在工作期间和离职后对用人单位的商业秘密和机密信息的保密义务。

竞业限制：如有需要，约定劳动者在离职后一定期限内不得从事与用人单位竞争的行业或岗位。

以上是酒店行业劳动合同的基本内容，用人单位在编写劳动合同时应当根据实际情况进行具体规定，同时遵守国家相关劳动法律法规的规定。

3. 劳动合同的履行义务

用人单位应提供劳动条件和环境，支付劳动报酬，提供社会保险和福利待遇等；劳动者应按时完成工作任务，遵守用人单位的规章制度。

案例解析

小王是某酒店的前台接待员，由于工作态度不端正，多次迟到早退，严重影响了酒店的服务质量。用人单位决定解除与小王的劳动合同。小王对此不满，要求用人单位支付经济补偿。

思考：1. 酒店解除劳动合同的依据是什么？

2. 依据《劳动合同法》，小王是否能够获得经济补偿？

三、劳动合同的监督和法律责任

1. 劳动合同的监督

劳动合同的监督由劳动行政部门和劳动监察部门负责。

《劳动合同法》第七十三条规定,国务院劳动行政部门负责全国劳动合同制度实施的监督管理。县级以上地方人民政府劳动行政部门负责本行政区域内劳动合同制度实施的监督管理。县级以上各级人民政府劳动行政部门在劳动合同制度实施的监督管理工作中,应当听取工会、企业方面代表以及有关行业主管部门的意见。

2. 劳动合同的法律责任

违反劳动合同法的一方应承担相应的法律责任。

《劳动合同法》第八十条规定,用人单位直接涉及劳动者切身利益的规章制度违反法律、法规规定的,由劳动行政部门责令改正,给予警告;给劳动者造成损害的,应当承担赔偿责任。

知识点测试 8.2

《劳动合同法》第八十一条规定,用人单位提供的劳动合同文本未载明本法规定的劳动合同必备条款或者用人单位未将劳动合同文本交付劳动者的,由劳动行政部门责令改正;给劳动者造成损害的,应当承担赔偿责任。

任务三　关于休息休假、工作时间的规定

劳动者享有休息休假的权利,用人单位应当按照国家规定,为劳动者提供法定的休息休假时间。《劳动法》关于休息休假和工作时间的规定非常详细和复杂,涉及各种具体情况和条款。

一、《劳动法》关于休息休假的规定

1. 周期性休假

根据《劳动法》,劳动者每周至少有一天的休息日,通常是周六或周日。如果劳动者需要在休息日工作,用人单位应提供补休或支付加班工资。

《劳动法》第三十六条规定,国家实行劳动者每日工作时间不超过八小时、平均每周工作时间不超过四十四小时的工时制度。

《劳动法》第三十八条规定,用人单位应当保证劳动者每周至少休息一日。

《劳动法》第三十九条规定,企业因生产特点不能实行本法第三十六条、第三十八条规定的,经劳动行政部门批准,可以实行其他工作和休息办法。

2. 年假

劳动者在连续工作满一年后,享有带薪年假。年假的天数根据劳动者的工龄和工作年限而定,一般为 5—15 天。

《劳动法》第四十五条规定,国家实行带薪年休假制度。劳动者连续工作一年以上

的，享受带薪年休假。具体办法由国务院规定。

3.法定假日

劳动者享有法定假日，包括元旦、春节、清明节、劳动节、端午节、中秋节和国庆节等。在法定假日工作的劳动者，用人单位应提供补偿措施，如加班工资或补休。

4.婚假、丧假、产假等特殊假期

劳动者在婚姻、丧失亲属或生育等情况下，享有相应的特殊假期。具体的假期天数和待遇根据法律规定和用人单位的规章制度而定。

二、《劳动法》关于工作时间的规定

1.标准工作时间

根据《劳动法》，劳动者的标准工作时间为每日8小时，每周40小时。超过标准工作时间的部分，被视为加班时间。

《劳动法》第四十一条规定，用人单位由于生产经营需要，经与工会和劳动者协商后可以延长工作时间，一般每日不得超过一小时；因特殊原因需要延长工作时间的，在保障劳动者身体健康的条件下延长工作时间每日不得超过三小时，但是每月不得超过三十六小时。

2.加班工资和补休

劳动者在加班时，用人单位应支付相应的加班工资，一般为正常工资的1.5倍或2倍。如果劳动者无法休息，用人单位应提供相应的补假。

《劳动法》第四十四条规定，有下列情形之一的，用人单位应当按照下列标准支付高于劳动者正常工作时间工资的工资报酬：

(1)安排劳动者延长工作时间的，支付不低于工资的百分之一百五十的工资报酬；

(2)休息日安排劳动者工作又不能安排补休的，支付不低于工资的百分之二百的工资报酬；

(3)法定休假日安排劳动者工作的，支付不低于工资的百分之三百的工资报酬。

3.弹性工作时间

某些行业或特定岗位可能存在弹性工作时间的安排，即劳动者可以根据工作需要自行调整工作时间，但总工作时间不得超过规定的标准。

《劳动法》第四十二条规定，有下列情形之一的，延长工作时间不受本法第四十一条规定的限制：

(1)发生自然灾害、事故或者因其他原因，威胁劳动者生命健康和财产安全，需要紧急处理的；

(2)生产设备、交通运输线路、公共设施发生故障，影响生产和公众利益，必须及时抢修的；

(3)法律、行政法规规定的其他情形。

4.排班制度

对于需要连续工作的行业或岗位，用人单位应制定合理的排班制度，保障劳动者的休息时间和休假权益。对于酒店行业而言，由于其特殊的服务性质，可能会存在倒班、夜班等情况，因此在法定工作时间范围内，需要根据实际情况制定合理的工作安排。

知识点
测试8.3

任务四　社会保险的基本内容

我国社会保险制度是指通过政府组织和管理，以强制性的方式对全体劳动者进行社会保险费的征收和社会保险待遇的支付，以保障劳动者在退休、失业、工伤、生育等特定情况下的基本生活和社会福利的制度。我国社会保险制度包括养老保险、医疗保险、失业保险、工伤保险和生育保险等五个基本险种。

一、养老保险

养老保险是指通过缴纳社会保险费，为劳动者在退休后提供基本生活保障和养老待遇的制度。我国的养老保险分为基本养老保险和补充养老保险两个层次。基本养老保险由国家统一规定，适用于所有劳动者；补充养老保险是指企业和个人自愿参加的附加保险，提供更高的养老待遇。

《劳动法》第七十五条规定，国家鼓励用人单位根据本单位实际情况为劳动者建立补充保险。国家提倡劳动者个人进行储蓄性保险。

劳动者在退休后享受的基本养老金由个人缴费和单位缴费共同组成，劳动者的个人缴费和单位缴费比例为劳动者工资的一定比例。

二、医疗保险

医疗保险是指通过缴纳社会保险费，为劳动者在患病时提供医疗费用报销和医疗服务的制度。我国的医疗保险分为基本医疗保险和补充医疗保险两个层次。基本医疗保险由国家统一规定，适用于所有劳动者；补充医疗保险是指企业和个人自愿参加的附加保险，提供更广泛的医疗保障。

劳动者在患病或受伤需要医疗救治时，可以享受医疗保险的待遇。

三、失业保险

失业保险是指通过缴纳社会保险费，为劳动者在失业时提供一定期限内的失业救济金和就业服务的制度。我国的失业保险由国家统一规定，适用于所有劳动者。失业救济金的发放标准和期限根据劳动者的缴费年限和失业时长等因素确定。

劳动者在失业期间可以享受失业保险的待遇，包括失业金和就业援助。失业金的发放标准根据劳动者的缴费年限和缴费基数来确定。

四、工伤保险

工伤保险是指通过缴纳社会保险费，为劳动者在工作中发生工伤或职业病时提供医疗费用、伤残赔偿和生活补助等待遇的制度。我国的工伤保险由国家统一规定，适用

于所有劳动者。工伤待遇的发放标准根据工伤程度和劳动者的工资等因素确定。

劳动者在工作中因工受伤或患职业病时，可以享受工伤保险的待遇。工伤保险包括医疗费、伤残津贴、一次性伤残补助金和生活护理费等。

五、生育保险

生育保险是指通过缴纳社会保险费，为劳动者在生育子女时提供一定期限内的生育津贴和医疗费用报销的制度。我国的生育保险由国家统一规定，适用于所有劳动者。生育津贴的发放标准和期限根据劳动者的缴费年限和生育情况等因素确定。女性劳动者在生育期间可以享受生育保险的待遇，包括生育津贴和产前、产后护理等。

此外，《劳动法》还规定了社会保险的缴费义务和责任。单位应当按照规定的比例和基数为劳动者缴纳社会保险费用，劳动者也应当按照规定的比例缴纳个人社会保险费用。

我国社会保险制度旨在保障劳动者在特定情况下的基本生活和社会福利，通过缴纳社会保险费，劳动者可以享受相应的社会保险待遇，确保其在退休、失业、工伤、生育等情况下能够得到相应的保障和待遇。

知识点
测试 8.4

任务五 劳动争议的处理方式

我国《劳动法》中对劳动争议的处理方式进行了详细规定，旨在保障劳动者的合法权益，维护劳动关系的稳定。酒店行业作为一个劳动密集型行业，面临着各种劳动争议，如工资纠纷、工作时间和休假、工作环境等。以下对劳动争议处理的基本情况进行详细介绍。

一、协商解决劳动争议

协商是解决劳动争议的首选方式，双方可以通过直接对话、沟通和协商，寻求双赢的解决方案。劳动法鼓励劳动双方通过协商解决劳动争议。劳动者和用人单位可以自行协商解决争议，也可以通过劳动争议调解机构进行调解。双方可以自愿选择调解员，协商解决争议。

1. 双方直接协商

双方可以选择直接进行协商，通过开放、诚信和平等的态度，寻求共同的利益点。酒店方可以听取员工的诉求，并提出可行的解决方案。员工也应该理解酒店方的经济承受能力，提出合理的要求。通过双方的努力，可以达成一个双方都能接受的解决方案。

2. 第三方协助协商

如果双方无法直接协商，可以请第三方协助进行调解。第三方可以是一个中立的人士、工会代表或专业的劳动争议调解机构。他们可以帮助双方进行沟通和协商，促进

双方达成一致意见。通过第三方的协助，可以增加协商的公正性和中立性，提高解决劳动争议的成功率。

3. 行业协会协商

酒店方和员工可以寻求行业协会的协助，通过行业协会的调解机制，解决劳动争议。行业协会通常具有丰富的经验和专业知识，可以提供中立的意见和建议。酒店方和员工可以共同参与协商过程，寻求行业协会的支持和指导，以达成双方都能接受的解决方案。

二、调解解决劳动争议

如果协商无法解决劳动争议，双方可以选择调解作为解决办法。劳动争议调解是指通过第三方调解员对劳动争议进行调解。劳动争议调解机构是由政府设立的专门机构，负责劳动争议的调解工作。调解员通过听取双方的陈述和证据，协助双方达成调解协议。

1. 调解的程序和原则

调解的程序通常包括双方提交申请、调解员组织调解会议、双方陈述意见、调解员提出调解方案等步骤。调解的原则包括公正、中立、自愿和保密等。调解员应当在调解过程中保持中立立场，促使双方进行公正的协商和调解。

2. 调解的优势和限制

调解的优势在于可以快速解决劳动争议，节省时间和成本。调解还可以保护双方的隐私，避免争议的公开化。然而，调解的结果并非强制执行，双方需要自愿接受调解方案。如果双方无法达成一致意见，调解的效果可能有限。

三、仲裁解决劳动争议

如果调解无法解决劳动争议，双方可以选择仲裁作为解决办法。劳动争议仲裁是指通过劳动争议仲裁机构对劳动争议进行仲裁。劳动争议仲裁机构是由政府设立的独立机构，负责劳动争议的仲裁工作。仲裁员通过听取双方的陈述和证据，依法作出仲裁裁决。

1. 仲裁的程序和原则

仲裁的程序通常包括仲裁申请、仲裁庭审、证据交换、仲裁员裁决等步骤。仲裁的原则包括公正、中立、独立和保密等。仲裁员应当在仲裁过程中保持中立立场，根据法律和事实作出公正的裁决。

2. 仲裁的优势和限制

仲裁的优势在于可以提供一个公正和独立的裁决机制，双方可以通过仲裁获得一个具有法律效力的解决方案。仲裁的裁决具有强制执行力，双方需要遵守仲裁裁决。然而，仲裁的费用较高，双方需要承担一定的费用。仲裁的过程也较为复杂，需要双方提供证据和陈述意见。

四、诉讼解决劳动争议

如果劳动争议无法通过协商、调解或仲裁解决，双方可以向人民法院提起劳动争议

诉讼。诉讼是一种通过法院进行审判的方式，法院会根据法律和事实作出判决。

1. 诉讼的程序和原则

诉讼的程序通常包括起诉、庭审、证据交换、判决等步骤。诉讼的原则包括公正、公平、独立和公开等。法院应当在诉讼过程中保持中立立场，根据法律和事实作出公正的判决。

2. 诉讼的优势和限制

诉讼的优势在于可以提供一个公正和独立的审判机制，双方可以通过法院获得一个具有法律效力的判决。法院的判决具有强制执行力，双方需要遵守法院的判决。然而，诉讼的费用较高，双方需要承担一定的费用。诉讼的过程也较为复杂，需要双方提供证据和陈述意见。

《劳动法》还规定了劳动争议处理的程序和时限。一般情况下，劳动争议应当首先通过协商解决，如果协商不成，可以申请调解或仲裁。劳动争议的调解和仲裁应当在规定的时限内完成，一般不超过60天。如果劳动争议需要诉讼解决，人民法院将依法审理案件，并在合理的时间内作出判决。

随着社会的发展和法律法规的完善，酒店行业也在努力改善劳动关系，预防和解决劳动争议。首先，酒店业务经营者应建立健全的内部沟通机制，鼓励员工表达意见和建议，及时发现和解决劳动争议的苗头，避免问题扩大化；其次，建立公平、透明的薪酬制度和培训机会，确保员工的工资福利符合当地劳动法规要求，为员工提供培训和职业发展机会，提升其职业技能和发展空间，避免因薪酬不公和职业发展不公引发劳动争议；最后，建立健全的劳动争议解决机制，包括内部协商、调解、仲裁等多种方式，为员工提供多样化的解决途径，有效化解和预防劳动争议的产生。

知识点测试8.5

项目小结

该项目介绍了中国《劳动法》的基本情况、劳动合同的基本内容，阐述了《劳动法》中关于休息休假、工作时间的规定，详细解释了我国社会保险制度中包括养老保险、医疗保险、失业保险、工伤保险和生育保险在内的五个基本险种，最后进一步明确了劳动争议的处理方式。

项目九
消防法律制度

学习目标

知识目标

1. 了解违反《消防法》的法律责任；
2. 了解我国新《消防法》的概况、立法概述、带来的变化；
3. 熟悉新《消防法》的基本内容和修改的主要内容；
4. 掌握团体的消防安全职责、消防安全重点单位的消防安全职责、单位灭火救援及其他责任。

能力目标

1. 运用所学的知识，能简单地分析相关的案例；
2. 通过知识点的学习和案例的讲解分析，培养学生应用消防知识解决酒店行业遇到的实际问题的能力。

素质目标

1. 培养学生的消防安全责任意识；
2. 通过对《消防法》的学习，维护《消防法》的权威。

关键概念

生命至上　消防安全职责　法律责任　消防救援　审验

案例导入

2021 年 7 月 12 日，江苏省苏州市××酒店辅房发生坍塌事故，造成 17 人死亡、5 人受伤，直接经济损失约 2615 万元。发生原因是，施工人员在无任何加固及安全措施情况下，盲目拆除了底层六开间的全部承重横墙和绝大部分内纵墙，致使上部结构传力路径中断，二层楼面圈梁不足以承受上部二、三层墙体及二层楼面传来的荷载，导致该辅房自下而上连续坍塌。

思考：该事故的教训有哪些？

任务一 了解我国《消防法》的概况

一、立法概述

《中华人民共和国消防法》(以下简称《消防法》)是预防火灾和减少火灾危害，加强应急救援工作，维护公共安全的重要法律。

《消防法》自1998年9月1日施行以来，在预防和减少火灾危害，保护人身、财产安全，维护公共安全等方面，发挥了重要作用。但是，随着我国经济社会的发展和政府职能的转变，面对以人为本、保障和改善民生、强化社会管理和公共服务的新要求，《消防法》的一些规定已经难以适应新时期消防工作的需要。为此，第十一届全国人民代表大会常务委员会第五次会议于2008年10月28日对《消防法》进行了修订，自2009年5月1日起施行。根据2019年4月23日第十三届全国人民代表大会常务委员会第十次会议《关于修改〈中华人民共和国建筑法〉等八部法律的决定》修正。

2021年4月29日第十三届全国人民代表大会常务委员会第二十八次会议《关于修改〈中华人民共和国道路交通安全法〉等八部法律的决定》第二次修正 2021年4月29日，中华人民共和国主席习近平签署第八十一号主席令予以公布。

二、《消防法》带来的变化

(一)变化一:新的称谓变化

消防救援机构取代了公安机关消防机构，国家综合性消防救援队取代了公安消防队。

(二)变化二:应急管理部门被赋予新的职能

如对辖区的消防工作进行监督管理；应当加强消防法律、法规的宣传，并督促、指导、协助有关单位做好消防宣传教育工作；对消防安全重点单位报本级人民政府备案；制订和公布消防产品相关政策；向本级人民政府书面报告重大火灾隐患等。

(三)变化三:住建部门承担建设工程审验相关工作

审验哪些工程、具体的审验和备案等行政审批，备案抽查、监督管理等，均由住建部门负责。

(四)变化四:住建部门承担建设工程相关行政处罚工作

对在建筑工程审验、检查等过程中发现的违法行为，住建部门依照消防法进行罚款、三停、强制执行等行政处罚。

（五）变化五：住建部门承担部分信息报送工作

责令停产停业，对经济和社会生活影响较大的，由住房和城乡建设主管部门或者应急管理部门报请本级人民政府依法决定。

（六）变化六：新法即日起执行

修订后实施日期仍为“2009 年 5 月 1 日”，意味着新版《消防法》施行无缓冲时间。

三、《消防法》修改的主要内容及解读

（1）将第十条修改为：“对按照国家工程建设消防技术标准需要进行消防设计的建设工程，实行建设工程消防设计审查验收制度。”

解读：本条修改明确了“按照国家工程建设消防技术标准需要进行消防设计的建设工程”这类建设项目需要按照本法实行建设工程消防设计审查验收制度。同时，由于施工许可证是由住房和城乡建设部门办理，因此删除了有关“消防设计备案”的规定。

（2）将第十一条修改为：“国务院住房和城乡建设主管部门规定的特殊建设工程，建设单位应当将消防设计文件报送住房和城乡建设主管部门审查，住房和城乡建设主管部门依法对审查的结果负责。”

“前款规定以外的其他建设工程，建设单位申请领取施工许可证或者申请批准开工报告时应当提供满足施工需要的消防设计图纸及技术资料。”

解读：除了审批部门变更外，此条主要有两处重要修改：一是国务院住房和城乡建设主管部门被授权的范围更大，删除了原来所限定的“大型的人员密集场所和其他特殊建设工程”；二是由于不需要“设计备案”，因此增加本条的第二款，规定了“特殊工程”以外的工程，建设单位申请领取施工许可证或者申请批准开工报告时，应当提供满足施工需要的消防设计图纸及技术资料。也就是说，虽然取消了“设计备案”，建设单位对“按照国家工程建设消防技术标准需要进行消防设计的建设工程”仍然有提供“消防设计图纸及技术资料”的义务。

（3）将第十二条修改为：“特殊建设工程未经消防设计审查或者审查不合格的，建设单位、施工单位不得施工；其他建设工程，建设单位未提供满足施工需要的消防设计图纸及技术资料的，有关部门不得发放施工许可证或者批准开工报告。”

解读：与原规定改动不大，仅是办理机关的变化和“审核”变“审查”。从法律上明确未经“消防设计审查”或者“审查不合格的”，建设单位、施工单位不得施工，以及未提供满足施工需要的消防设计图纸及技术资料的，有关部门不得发放施工许可证或者批准开工报告。

（4）将第十三条修改为：“国务院住房和城乡建设主管部门规定应当申请消防验收的建设工程竣工，建设单位应当向住房和城乡建设主管部门申请消防验收。”

“前款规定以外的其他建设工程，建设单位在验收后应当报住房和城乡建设主管部门备案，住房和城乡建设主管部门应当进行抽查。”

“依法应当进行消防验收的建设工程，未经消防验收或者消防验收不合格的，禁止投入使用；其他建设工程经依法抽查不合格的，应当停止使用。”

解读:本条共有3个条款,总体精神与原来规定大致相同,主要是主管机关的变化。

(5)将第十四条修改为:"建设工程消防设计审查、消防验收、备案和抽查的具体办法,由国务院住房和城乡建设主管部门规定。"

解读:法律重新授权国务院住房和城乡建设主管部门规定建设工程消防设计审查、消防验收、备案和抽查的具体办法。

(6)将第五十六条修改为:"住房和城乡建设主管部门、消防救援机构及其工作人员应当按照法定的职权和程序进行消防设计审查、消防验收、备案抽查和消防安全检查,做到公正、严格、文明、高效。"

解读:本条修改主要是执法主体发生变化。

(7)将第五十七条、第七十一条第一款中的"公安机关消防机构"修改为"住房和城乡建设主管部门、消防救援机构";将第七十一条中的"审核"修改为"审查",删去第二款中的"建设"。

解读:本条修改主要是执法主体发生变化,其他内容对比原规定没有变化。

(8)将第五十九条中的"责令改正或者停止施工"修改为"由住房和城乡建设主管部门责令改正或者停止施工"。

解读:本条修改主要是执法主体发生变化,其他内容原规定没有变化。

(9)将第四条、第十七条、第二十四条、第五十五条中的"公安机关消防机构"修改为"消防救援机构","公安部门""公安机关""公安部门消防机构"修改为"应急管理部门";将第六条第三款中的"公安机关及其消防机构"修改为"应急管理部门及消防救援机构",第七款中的"公安机关"修改为"公安机关、应急管理";将第十五条、第二十五条、第二十九条、第四十条、第四十二条、第四十五条、第五十一条、第五十三条、第五十四条、第六十条、第六十二条、第六十四条、第六十五条中的"公安机关消防机构"修改为"消防救援机构";将第三十六条、第三十七条、第三十八条、第三十九条、第四十六条、第四十九条中的"公安消防队"修改为"国家综合性消防救援队"。

解读:本条主要是称谓的修改。

综上所述,《消防法》的修订,让技术标准需求更细致化、严格化。

知识点测试9.1

任务二 熟悉《消防法》的基本内容

一、《消防法》的总体框架

《消防法》作为我国的一项重要行政法律,是促进消防工作法制化,推动消防事业发展的强大动力,是提高全社会消防意识和抵御重大火灾能力的有力武器,是落实消防安全责任制的保证,为我国消防组织的发展建设拓宽了道路,是发挥应急管理部门的机构职能,推进消防队伍建设的法律依据和保障,是纠正和制裁违反消防管理行为的法律准绳。

《消防法》共七章七十四条,内容包括总则、火灾预防、消防组织、灭火救援、监督检

查、法律责任、附则。

二、《消防法》的主要内容

（一）消防工作的原则

《消防法》明确了生命至上的原则。其中第一条就开宗明义地指出："为了预防火灾和减少火灾危害，加强应急救援工作，保护人身、财产安全，维护公共安全，制定本法。"该条款的设置顺序就表明了，在任何时候，人的生命安全永远要高于财产安全，即生命至上。第四十五条第一款也明确规定："消防救援机构统一组织和指挥火灾现场扑救，应当优先保障遇险人员的生命安全。"需要指出的是，这里的生命至上不仅包括受到火灾危害的人，同样也包括施救、灭火人员的生命安全。

同时，《消防法》第五条规定："任何单位和个人都有维护消防安全、保护消防设施、预防火灾、报告火警的义务。任何单位和成年人都有参加有组织的灭火工作的义务。"该条规定体现了《消防法》的另一个重要的保障生命规定，即维护消防安全、保护消防设施、预防火灾和报告火情是每一个单位和个人的法定义务，但参与有组织灭火工作的义务仅限于成年人，不得组织未成年人参与火灾救援工作，这也是遵守《中华人民共和国未成年人保护法》的相关规定。

（二）消防工作的方针、原则和责任制

《消防法》第二条规定："消防工作贯彻预防为主、防消结合的方针，按照政府统一领导、部门依法监管、单位全面负责、公民积极参与的原则，实行消防安全责任制，建立健全社会化的消防工作网络。"

（三）明确消防工作的主体及其工作职责

1.消防工作的主体

《消防法》在第二条中明确规定了"政府""部门""单位""公民"四者都是消防工作的主体，政府统一领导、部门依法监管、单位全面负责、公民积极参与，共同构筑消防安全工作格局，任何一方都非常重要，不可偏废。

2.消防工作各主体的工作职责

(1)政府的消防职责。

《消防法》第三条第一款规定："国务院领导全国的消防工作。地方各级人民政府负责本行政区域内的消防工作。"这是关于各级人民政府消防工作责任的原则规定。《消防法》在宏观规划、火灾预防、农村消防工作、消防组织建设、灭火救援、执法监督等方面，对政府具体消防工作责任都作出了明确的规定。

(2)部门的消防职责。

①政府应急管理部门的消防职责。《消防法》第四条第一款规定："国务院应急管理部门对全国的消防工作实施监督管理。县级以上地方人民政府应急管理部门对本行政区域内的消防工作实施监督管理，并由本级人民政府消防救援机构负责实施。军事设施的消防工作，由其主管单位监督管理，消防救援机构协助；矿井地下部分、核电厂、海

上石油天然气设施的消防工作，由其主管单位监督管理。”《消防法》对应急管理部门在宣传教育、监督执法、灭火救援、队伍建设、廉政建设等方面都作出了明确规定。产品质量监督、工商行政管理等其他有关行政主管部门的工作人员在消防工作中滥用职权、玩忽职守、徇私舞弊，尚不构成犯罪的，依法给予处分。

②行政主管部门的消防职责。《消防法》第四条第二款规定：“县级以上人民政府其他有关部门在各自的职责范围内，依照本法和其他相关法律、法规的规定做好消防工作。”教育、人力资源行政主管部门和学校、有关职业培训机构应当将消防知识纳入教育、教学、培训的内容。特殊建设工程未经消防设计审查或者审查不合格的，建设单位、施工单位不得施工；其他建设工程，建设单位未提供满足施工需要的消防设计图纸及技术资料的，有关部门不得发放施工许可证或者批准开工报告。产品质量监督部门、工商行政管理部门应当按照职责加强对消防产品质量的监督检查；对生产、销售不合格的消防产品或者国家明令淘汰的消防产品的，由产品质量监督部门或者工商行政管理部门依照《中华人民共和国产品质量法》的规定从重处罚。

(3)单位的消防安全责任。

《消防法》对机关、团体、企业、事业等单位在保障消防安全方面的消防安全职责作出了明确规定，指出单位的主要负责人是本单位的消防安全责任人。《消防法》规定，任何单位都应当无偿为报警提供便利，不得阻拦报警，严禁谎报火警；发生火灾的单位，必须立即组织力量扑救火灾，邻近单位应当给予支援；火灾扑灭后，发生火灾的单位和相关人员应当按照消防救援机构的要求保护现场，接受事故调查，如实提供与火灾有关的情况。

(4)公民的权利和义务。

《消防法》关于公民在消防工作中权利和义务的规定主要有：任何人都有维护消防安全、保护消防设施、预防火灾、报告火警的义务。任何成年人都有参加有组织的灭火工作的义务。任何人不得损坏、挪用或者擅自拆除、停用消防设施、器材，不得埋压、圈占、遮挡消火栓或者占用防火间距，不得占用、堵塞、封闭疏散通道、安全出口、消防车通道。任何人发现火灾都应当立即报警。任何人都应当无偿为报警提供便利，不得阻拦报警，严禁谎报火警。

(四)消防安全管理制度

1. 实行消防设计审查、消防验收和备案抽查制度

为减少行政许可事项，适应便民利民需要，《消防法》改革了消防监督管理制度，明确了住房和城乡建设主管部门、消防救援机构及其工作人员应当按照法定的职权和程序进行消防设计审查、消防验收、备案抽查和消防安全检查，做到公正、严格、文明、高效。国务院住房和城乡建设主管部门规定的特殊建设工程，建设单位应当将消防设计文件报送住房和城乡建设主管部门审查；国务院住房和城乡建设主管部门规定应当申请消防验收的建设工程竣工，建设单位应当向住房和城乡建设主管部门申请消防验收。对其他建设工程实行消防备案抽查制度。

2. 公众聚集场所消防安全检查制度

《消防法》规定，公众聚集场所在投入使用、营业前，建设单位或者使用单位应当向场所所在地的县级以上地方人民政府消防救援机构申请消防安全检查。消防救援机构

应当自受理申请之日起十个工作日内，根据消防技术标准和管理规定，对该场所进行消防安全检查。未经消防安全检查或者经检查不符合消防安全要求的，不得投入使用、营业。公众聚集场所未经消防安全检查或者经检查不符合消防安全要求，擅自投入使用、营业的由住房和城乡建设主管部门、消防救援机构按照各自职权责令停止施工、停止使用或者停产停业，并处三万元以上三十万元以下罚款。

3. 大型群众性活动消防安全制度

《消防法》将大型群众性活动的消防安全纳入《大型群众性活动安全管理条例》规定的治安行政许可审查内容，避免了多头审批，方便社会，方便群众，同时明确了消防安全要求，规定举办大型群众性活动，承办人应当依法向公安机关申请安全许可，制定灭火和应急疏散预案并组织演练，明确消防安全责任分工，确定消防安全管理人员，保持消防设施和消防器材配置齐全、完好有效，保证疏散通道、安全出口、疏散指示标志、应急照明和消防车通道符合消防技术标准和管理规定。

4. 消防产品监督管理制度

《消防法》中明确了消防产品监督管理制度，规定消防产品必须符合国家标准；没有国家标准的，必须符合行业标准。禁止生产、销售或者使用不合格的消防产品以及国家明令淘汰的消防产品。并明确了消防产品强制认证制度，规定依法应当实行强制性产品认证的消防产品，由具有法定资质的认证机构按照国家标准、行业标准的强制性要求认证合格后，方可生产、销售、使用。进一步明确了产品质量监督部门、工商行政管理部门、消防救援机构应当按照各自职责加强对消防产品质量的监督检查。

知识点
测试 9.2

任务三　掌握团体消防安全职责

一、团体消防安全职责

《消防法》第十六条规定：机关、团体、企业、事业等单位应当履行下列消防安全职责：

（1）落实消防安全责任制，制定本单位的消防安全制度、消防安全操作规程，制定灭火和应急疏散预案；

（2）按照国家标准、行业标准配置消防设施、器材，设置消防安全标志，并定期组织检验、维修，确保完好有效；

（3）对建筑消防设施每年至少进行一次全面检测，确保完好有效，检测记录应当完整准确，存档备查；

（4）保障疏散通道、安全出口、消防车通道畅通，保证防火防烟分区、防火间距符合消防技术标准；

（5）组织防火检查，及时消除火灾隐患；

（6）组织进行有针对性的消防演练；

(7)法律、法规规定的其他消防安全职责。

单位的主要负责人是本单位的消防安全责任人。

案例解析

2023 年 6 月,某市消防救援机构在对该市的某酒店有限公司进行监督抽查时发现,该单位室内消火栓系统管网无水。消防救援机构依据《中华人民共和国消防法》的有关规定,依法对该单位采取临时查封措施并处以罚款的行政处罚。

思考:1. 某酒店违反了《消防法》规定的单位应当履行的哪些消防安全职责?

2. 依据《消防法》,某市消防救援机构应如何作出对某酒店进行行政处罚?

二、消防安全重点单位的消防安全职责

《消防法》第十七条规定,县级以上地方人民政府消防救援机构应当将发生火灾可能性较大以及发生火灾可能造成重大的人身伤亡或者财产损失的单位,确定为本行政区域内的消防安全重点单位,并由应急管理部门报本级人民政府备案。消防安全重点单位除应当履行本法第十六条规定的职责外,还应当履行下列消防安全职责:

(1)确定消防安全管理人,组织实施本单位的消防安全管理工作;

(2)建立消防档案,确定消防安全重点部位,设置防火标志,实行严格管理;

(3)实行每日防火巡查,并建立巡查记录;

(4)对职工进行岗前消防安全培训,定期组织消防安全培训和消防演练。

三、单位灭火救援及其他责任

《消防法》第四十四条规定,任何人发现火灾都应当立即报警。任何单位、个人都应当无偿为报警提供便利,不得阻拦报警。严禁谎报火警。人员密集场所发生火灾,该场所的现场工作人员应当立即组织、引导在场人员疏散。任何单位发生火灾,必须立即组织力量扑救。邻近单位应当给予支援。

知识点测试 9.3

《消防法》第五十一条规定,火灾扑灭后,发生火灾的单位和相关人员应当按照消防救援机构的要求保护现场,接受事故调查,如实提供与火灾有关的情况。

任务四 掌握违反《消防法》的法律责任

一、违反《消防法》的法律责任之一

《消防法》第五十八条规定,有下列行为之一的,由住房和城乡建设主管部门、消防救援机构按照各自职权责令停止施工、停止使用或者停产停业,并处三万元以上三十万

元以下罚款：

(1)依法应当进行消防设计审查的建设工程，未经依法审查或者审查不合格，擅自施工的；

(2)依法应当进行消防验收的建设工程，未经消防验收或者消防验收不合格，擅自投入使用的；

(3)本法第十三条规定的其他建设工程验收后经依法抽查不合格，不停止使用的；

(4)公众聚集场所未经消防救援机构许可，擅自投入使用、营业的，或者经核查发现场所使用、营业情况与承诺内容不符的。核查发现公众聚集场所使用、营业情况与承诺内容不符，经责令限期改正，逾期不整改或者整改后仍达不到要求的，依法撤销相应许可。建设单位未依照本法规定在验收后报住房和城乡建设主管部门备案的，由住房和城乡建设主管部门责令改正，处五千元以下罚款。

二、违反《消防法》的法律责任之二

《消防法》第五十九条规定，有下列行为之一的，由住房和城乡建设主管部门责令改正或者停止施工，并处一万元以上十万元以下罚款：

(1)建设单位要求建筑设计单位或者建筑施工企业降低消防技术标准设计、施工的；

(2)建筑设计单位不按照消防技术标准强制性要求进行消防设计的；

(3)建筑施工企业不按照消防设计文件和消防技术标准施工，降低消防施工质量的；

(4)工程监理单位与建设单位或者建筑施工企业串通，弄虚作假，降低消防施工质量的。

三、违反《消防法》的法律责任之三

《消防法》第六十条规定，单位违反本法规定，有下列行为之一的，责令改正，处五千元以上五万元以下罚款：

(1)消防设施、器材或者消防安全标志的配置、设置不符合国家标准、行业标准，或者未保持完好有效的；

(2)损坏、挪用或者擅自拆除、停用消防设施、器材的；

(3)占用、堵塞、封闭疏散通道、安全出口或者有其他妨碍安全疏散行为的；

(4)埋压、圈占、遮挡消火栓或者占用防火间距的；

(5)占用、堵塞、封闭消防车通道，妨碍消防车通行的；

(6)人员密集场所在门窗上设置影响逃生和灭火救援的障碍物的；

(7)对火灾隐患经消防救援机构通知后不及时采取措施消除的。

个人有前款第二项、第三项、第四项、第五项行为之一的，处警告或者五百元以下罚款。有本条第一款第三项、第四项、第五项、第六项行为，经责令改正拒不改正的，强制执行，所需费用由违法行为人承担。

《消防法》第六十一条规定，生产、储存、经营易燃易爆危险品的场所与居住场所设置在同一建筑物内，或者未与居住场所保持安全距离的，责令停产停业，并处五千元以上五万元以下罚款。生产、储存、经营其他物品的场所与居住场所设置在同一建筑物内，不符合消防技术标准的，依照前款规定处罚。

四、违反《消防法》的法律责任之四

《消防法》第六十二条规定，有下列行为之一的，依照《中华人民共和国治安管理处罚法》的规定处罚：

(1)违反有关消防技术标准和管理规定生产、储存、运输、销售、使用、销毁易燃易爆危险品的；

(2)非法携带易燃易爆危险品进入公共场所或者乘坐公共交通工具的；

(3)谎报火警的；

(4)阻碍消防车、消防艇执行任务的；

(5)阻碍消防救援机构的工作人员依法执行职务的。

五、违反《消防法》的法律责任之五

《消防法》第六十三条违反本法规定，有下列行为之一的，处警告或者五百元以下罚款；情节严重的，处五日以下拘留：

(1)违反消防安全规定进入生产、储存易燃易爆危险品场所的；

(2)违反规定使用明火作业或者在具有火灾、爆炸危险的场所吸烟、使用明火的。

六、违反《消防法》的法律责任之六

《消防法》第六十四条规定，违反本法规定，有下列行为之一，尚不构成犯罪的，处十日以上十五日以下拘留，可以并处五百元以下罚款；情节较轻的，处警告或者五百元以下罚款：

(1)指使或者强令他人违反消防安全规定，冒险作业的；

(2)过失引起火灾的；

(3)在火灾发生后阻拦报警，或者负有报告职责的人员不及时报警的；

(4)扰乱火灾现场秩序，或者拒不执行火灾现场指挥员指挥，影响灭火救援的；

(5)故意破坏或者伪造火灾现场的；

(6)擅自拆封或者使用被消防救援机构查封的场所、部位的。

七、违反《消防法》的法律责任之七

《消防法》第六十五条规定，违反本法规定，生产、销售不合格的消防产品或者国家明令淘汰的消防产品的，由产品质量监督部门或者工商行政管理部门依照《中华人民共和国产品质量法》的规定从重处罚。

人员密集场所使用不合格的消防产品或者国家明令淘汰的消防产品的，责令限期

改正;逾期不改正的,处五千元以上五万元以下罚款,并对其直接负责的主管人员和其他直接责任人员处五百元以上二千元以下罚款;情节严重的,责令停产停业。

消防救援机构对于本条第二款规定的情形,除依法对使用者予以处罚外,应当将发现不合格的消防产品和国家明令淘汰的消防产品的情况通报产品质量监督部门、工商行政管理部门。产品质量监督部门、工商行政管理部门应当对生产者、销售者依法及时查处。

《消防法》第六十六条规定,电器产品、燃气用具的安装、使用及其线路、管路的设计、敷设、维护保养、检测不符合消防技术标准和管理规定的,责令限期改正;逾期不改正的,责令停止使用,可以并处一千元以上五千元以下罚款。

八、违反《消防法》的法律责任之八

《消防法》第六十七条规定,机关、团体、企业、事业等单位违反本法第十六条、第十七条、第十八条、第二十一条第二款规定的,责令限期改正;逾期不改正的,对其直接负责的主管人员和其他直接责任人员依法给予处分或者给予警告处罚。

《消防法》第六十八条规定,人员密集场所发生火灾,该场所的现场工作人员不履行组织、引导在场人员疏散的义务,情节严重,尚不构成犯罪的,处五日以上十日以下拘留。

《消防法》第六十九条规定,消防设施维护保养检测、消防安全评估等消防技术服务机构,不具备从业条件从事消防技术服务活动或者出具虚假文件的,由消防救援机构责令改正,处五万元以上十万元以下罚款,并对直接负责的主管人员和其他直接责任人员处一万元以上五万元以下罚款;不按照国家标准、行业标准开展消防技术服务活动的,责令改正,处五万元以下罚款,并对直接负责的主管人员和其他直接责任人员处一万元以下罚款;有违法所得的,并处没收违法所得;给他人造成损失的,依法承担赔偿责任;情节严重的,依法责令停止执业或者吊销相应资格;造成重大损失的,由相关部门吊销营业执照,并对有关责任人员采取终身市场禁入措施。

前款规定的机构出具失实文件,给他人造成损失的,依法承担赔偿责任;造成重大损失的,由消防救援机构依法责令停止执业或者吊销相应资格,由相关部门吊销营业执照,并对有关责任人员采取终身市场禁入措施。

《消防法》第七十条规定,本法规定的行政处罚,除应当由公安机关依照《中华人民共和国治安管理处罚法》的有关规定决定的外,由住房和城乡建设主管部门、消防救援机构按照各自职权决定。

被责令停止施工、停止使用、停产停业的,应当在整改后向作出决定的部门或者机构报告,经检查合格,方可恢复施工、使用、生产、经营。

当事人逾期不执行停产停业、停止使用、停止施工决定的,由作出决定的部门或者机构强制执行。

责令停产停业,对经济和社会生活影响较大的,由住房和城乡建设主管部门或者应急管理部门报请本级人民政府依法决定。

案例

2021 年 12 月 31 日，××省××市消防救援支队××区大队消防监督员在对某酒店管理有限公司进行执法检查时，发现该酒店未经消防救援机构许可擅自投入使用、营业，且存在安全出口数量不足、大面积采用可燃材料装修、违规设置员工宿舍、未按要求设置排烟设施、自动喷水灭火系统和室内消火栓系统无法正常运行等隐患问题，一旦发生火灾极易造成严重危害后果。2022 年 1 月 26 日，××区大队依据《中华人民共和国消防法》第五十八条第一款第四项的规定，对某酒店管理有限公司作出责令停止营业、罚款人民币 4 万元的行政处罚决定。2022 年 5 月 30 日，××区大队消防监督员发现该场所未经许可擅自营业，经催告仍不执行停止营业决定，××区大队依据《中华人民共和国消防法》第七十条第三款的规定，经集体决定对该公司实施强制执行。

九、违反《消防法》的法律责任之九

《消防法》第七十一条规定，住房和城乡建设主管部门、消防救援机构的工作人员滥用职权、玩忽职守、徇私舞弊，有下列行为之一，尚不构成犯罪的，依法给予处分：

（1）对不符合消防安全要求的消防设计文件、建设工程、场所准予审查合格、消防验收合格、消防安全检查合格的；

（2）无故拖延消防设计审查、消防验收、消防安全检查，不在法定期限内履行职责的；

（3）发现火灾隐患不及时通知有关单位或者个人整改的；

（4）利用职务为用户、建设单位指定或者变相指定消防产品的品牌、销售单位或者消防技术服务机构、消防设施施工单位的；

（5）将消防车、消防艇以及消防器材、装备和设施用于与消防和应急救援无关的事项的；

（6）其他滥用职权、玩忽职守、徇私舞弊的行为。

产品质量监督、工商行政管理等其他有关行政主管部门的工作人员在消防工作中滥用职权、玩忽职守、徇私舞弊，尚不构成犯罪的，依法给予处分。

《消防法》第七十二条规定，违反本法规定，构成犯罪的，依法追究刑事责任。

知识点测试 9.4

项目小结

本项目介绍了《消防法》立法背景、带来的变化、修改的主要内容及对修改内容的解读；介绍了《消防法》的总体框架和主要内容；团体消防安全职责、消防安全重点单位的消防安全职责、单位灭火救援及其他责任；违反消防法的九个方面的法律责任。

项目十
食品安全法律制度

学习目标

知识目标

1. 了解食品生产经营的规定、违反《食品安全法》的法律责任；
2. 了解我国《食品安全法》的概况、立法概述；
3. 熟悉食品检验与监督管理的规定；
4. 掌握食品安全事故的处理规定。

能力目标

1. 运用所学的知识，能简单地分析相关的案例；
2. 通过知识点的学习和案例的讲解分析，培养学生运用食品安全法律知识解决在生活中遇到的实际问题的能力。

素质目标

1. 培养学生的食品安全意识；
2. 通过对食品安全法律的学习，维护《食品安全法》的权威。

关键概念

食品安全　监督管理　法律责任　生产经营　保障

2022 年 3 月，邱先生在某酒店举办婚宴，共 16 桌，就餐人数 160 人左右，就餐过程中有 47 人出现腹痛、腹泻症状。当晚婚宴留样的白切鸡和玲珑球中检测出肠炎沙门氏菌，同时患者粪便中也检测出肠炎沙门氏菌。该酒店因涉嫌生产销售含致病微生物的食品，被该县市场监督管理局罚款 5 万元、没收违法所得 8512 元。

思考：婚礼宴会酒店该如何保障食品安全？

任务一 了解我国《食品安全法》的概况

一、立法概述

《中华人民共和国食品安全法》(以下简称《食品安全法》)是指调整与食品安全有关的行为的一系列法律规范的总称。我国于1982年11月19日通过《中华人民共和国食品卫生法(试行)》,该法于1995年10月30日修订,形成比较成熟的《中华人民共和国食品卫生法》。施行于1995年的《食品卫生法》虽然对保证食品安全、保障人民群众的身体健康发挥了重要的积极作用,但是由于食品安全日益成为全球性问题,我国也逐渐暴露出食品标准不统一、对违法行为处罚力度不够、食品检验机构不规范等制度上的瑕疵,再加上食品安全事故不断发生,我国在食品领域的立法重心从“食品卫生”提升到“食品安全”,于2009年2月28日颁布《食品安全法》。从一定的意义上讲,新的《食品安全法》是食品安全事故催生出来的,并且也是第一部冠以“食品安全”字样的法律。

2015年4月24日第十二届全国人民代表大会常务委员会第十四次会议修订,并于同年10月实施。

根据2018年12月29日第十三届全国人民代表大会常务委员会第七次会议《关于修改〈中华人民共和国产品质量法〉等五部法律的决定》第一次修正。

根据2021年4月29日第十三届全国人民代表大会常务委员会第二十八次会议《关于修改〈中华人民共和国道路交通安全法〉等八部法律的决定》第二次修正。

二、《食品安全法》的主要内容

《食品安全法》主要包含食品生产和加工、食品销售和餐饮服务、食品添加剂的生产经营;用于食品的包装材料、容器、洗涤剂、消毒剂和用于食品生产经营的工具、设备的生产经营;食品生产经营者使用食品添加剂、食品相关产品,食品的贮存和运输,对食品、食品添加剂、食品相关产品的安全管理等内容,一共十章一百五十四条。

三、《食品安全法》出台的意义

《食品安全法》第一条指出了该法的立法目的:“为了保证食品安全,保障公众身体健康和生命安全,制定本法。”这里包括两个要点:一是保证食品安全,即保证食品无毒、无害,符合应有的营养要求,对人体健康不造成任何急性、亚急性或者慢性危害。这是该法的直接目的。二是保障公众身体健康和生命安全。该条文从公众的健康权和生命权等基本人权的高度揭示食品安全的意义,表明了我国法律“以人为本”的根本宗旨。

(一)维护社会稳定

《食品安全法》建立和完善统一协调、权责明晰的食品安全监管体系,建立以食品安

全风险评估为基础的监管制度，提高我国食品安全监管整体水平，进一步保障群众身体健康和生命安全，有利于维护社会稳定。

（二）促进经济发展

《食品安全法》坚持预防为主，有针对性地确定食品的生产、销售各个环节有关制度，并打击违法行为，双管齐下规范食品生产经营者行为，重塑市场信心，有利于促进经济发展。

（三）提高国民身心健康水平

食品安全是身心健康的基础，《食品安全法》完整覆盖食品生产、流通各个环节，为营造良好消费环境创造条件。

四、《食品安全法》的适用范围

食品安全法作为一部调整与食品安全有关行为的专门法律，有其特定的适用范围。根据该法第二条第一款的规定，在我国境内从事下列活动，应受该法约束：①食品生产和加工，食品销售和餐饮服务；②食品添加剂的生产经营；③用于食品的包装材料、容器、洗涤剂、消毒剂和用于食品生产经营的工具、设备的生产经营；④食品生产经营者使用食品添加剂、食品相关产品；⑤食品的贮存和运输；⑥对食品、食品添加剂和食品相关产品的安全管理。

五、《食品安全法》的亮点

（一）建立食品安全全程追溯制度

通过建立出厂检验记录制度、进货查验记录制度、批发企业的销售记录制度等方式，使食品、食品添加剂、食用农产品全程可追溯。

（二）加强特定标识监管

保健食品的标签应声明“本品不能代替药物”。生产经营转基因食品应当按照规定显著标示。食品、食品添加剂的生产日期、保质期等事项应当显著标注，容易辨识。

（三）强化食品、食品添加剂生产经营关联主体的义务和责任

规定集中交易市场的开办者、柜台出租者、展销会的举办者的资质审查、检查、报告义务，食用农产品批发市场的抽样检验义务和报告义务、网络食品交易第三方平台的实名登记、审查许可证义务。不履行义务的，要承担连带责任，还要受处罚。

（四）特殊食品严格监管

保健食品、特殊医学用途配方食品和婴幼儿配方食品纳入特殊食品，严格监管。不得以分装方式生产婴幼儿配方乳粉，同一企业不得用同一配方生产不同品牌的婴幼儿

配方乳粉。

(五)为赔偿设置最低限额

生产不符合食品安全标准的食品或者经营明知是不符合食品安全标准的食品，消费者除要求赔偿损失外，还可以向生产者或者经营者要求支付价款十倍或者损失三倍的赔偿金；增加赔偿的金额不足一千元的，为一千元。食品的标签、说明书存在不影响食品安全且不会对消费者造成误导的瑕疵的除外。

(六)全面加大处罚力度

大部分违法行为的处罚起点由过去的两千元提升到五万元，较严重的违法行为起点为十万元。一年内累计三次违反食品安全法受到处罚的，责令停产停业，直至吊销许可证。

(七)提供场所要受罚

明知未经许可从事食品生产经营等违法行为而为其提供场所或其他条件的，要受到处罚并承担连带责任。

(八)重拳整治虚假广告

发布食品虚假广告要受罚，广告经营者、发布者承担连带责任。社会团体或其他组织、个人在虚假广告或其他虚假宣传中向消费者推荐食品的，承担连带责任。

(九)剧毒、高毒农药有禁区

禁止将剧毒、高毒农药用于蔬菜、瓜果、茶叶和中草药材等国家规定的农作物。国家对农药的使用实行严格的管理制度，加快淘汰剧毒、高毒、高残留农药，推动替代产品的研发和应用，鼓励使用高效低毒低残留农药。

(十)网络食品交易第三方平台提供者应当对入网食品经营者进行实名登记

消费者合法权益受到损害的，可以向入网食品经营者或者食品生产者要求赔偿。网络食品交易第三方平台提供者不能提供入网食品经营者的真实名称、地址和有效联系方式的，由网络食品交易第三方平台提供者赔偿。

知识点
测试 10.1

任务二 了解食品生产经营的规定

一、食品生产经营的要求

《食品安全法》第三十三条规定，食品生产经营应当符合食品安全标准，并符合下列

要求：

（1）具有与生产经营的食品品种、数量相适应的食品原料处理和食品加工、包装、贮存等场所，保持该场所环境整洁，并与有毒、有害场所以及其他污染源保持规定的距离；

（2）具有与生产经营的食品品种、数量相适应的生产经营设备或者设施，有相应的消毒、更衣、盥洗、采光、照明、通风、防腐、防尘、防蝇、防鼠、防虫、洗涤以及处理废水、存放垃圾和废弃物的设备或者设施；

（3）有专职或者兼职的食品安全专业技术人员、食品安全管理人员和保证食品安全的规章制度；

（4）具有合理的设备布局和工艺流程，防止待加工食品与直接入口食品、原料与成品交叉污染，避免食品接触有毒物、不洁物；

（5）餐具、饮具和盛放直接入口食品的容器，使用前应当洗净、消毒，炊具、用具用后应当洗净，保持清洁；

（6）贮存、运输和装卸食品的容器、工具和设备应当安全、无害，保持清洁，防止食品污染，并符合保证食品安全所需的温度、湿度等特殊要求，不得将食品与有毒、有害物品一同贮存、运输；

（7）直接入口的食品应当使用无毒、清洁的包装材料、餐具、饮具和容器；

（8）食品生产经营人员应当保持个人卫生，生产经营食品时，应当将手洗净，穿戴清洁的工作衣、帽等；销售无包装的直接入口食品时，应当使用无毒、清洁的容器、售货工具和设备；

（9）用水应当符合国家规定的生活饮用水卫生标准；

（10）使用的洗涤剂、消毒剂应当对人体安全、无害；

（11）法律、法规规定的其他要求。

非食品生产经营者从事食品贮存、运输和装卸的，应当符合前款第六项的规定。

二、禁止生产经营的食品、食品添加剂、食品相关产品

《食品安全法》第三十四条规定，禁止生产经营下列食品、食品添加剂、食品相关产品：

（1）用非食品原料生产的食品或者添加食品添加剂以外的化学物质和其他可能危害人体健康物质的食品，或者用回收食品作为原料生产的食品；

（2）致病性微生物、农药残留、兽药残留、生物毒素、重金属等污染物质以及其他危害人体健康的物质含量超过食品安全标准限量的食品、食品添加剂、食品相关产品；

（3）用超过保质期的食品原料、食品添加剂生产的食品、食品添加剂；

（4）超范围、超限量使用食品添加剂的食品；

（5）营养成分不符合食品安全标准的专供婴幼儿和其他特定人群的主辅食品；

（6）腐败变质、油脂酸败、霉变生虫、污秽不洁、混有异物、掺假掺杂或者感官性状异常的食品、食品添加剂；

（7）病死、毒死或者死因不明的禽、畜、兽、水产动物肉类及其制品；

（8）未按规定进行检疫或者检疫不合格的肉类，或者未经检验或者检验不合格的肉类制品；

(9)被包装材料、容器、运输工具等污染的食品、食品添加剂；

(10)标注虚假生产日期、保质期或者超过保质期的食品、食品添加剂；

(11)无标签的预包装食品、食品添加剂；

(12)国家为防病等特殊需要明令禁止生产经营的食品；

(13)其他不符合法律、法规或者食品安全标准的食品、食品添加剂、食品相关产品。

案例解析

2022年11月22日，涪陵区市场监管局执法人员发现有人在网上发布在辖区某超市购买发霉变质面包的视频，随后立即对相关经营场所进行现场核查。

经查，当事人于2022年10月9日购进了安瑞嘉尔牌的岩烧乳酪味面包、原味蛋皮吐司、岩烧芒果味面包等3款面包共计10 kg用于散装称重销售。上述面包均于2022年10月4日至10月6日生产，保质期为120天。执法人员现场检查发现，当事人货架上待售的6袋岩烧芒果味面包和2袋原味蛋皮吐司均在保质期内，但已肉眼可见出现发霉变质。

思考：1. 当事人违反了《食品安全法》的哪一条规定？

2. 依据《食品安全法》，涪陵区市场监管局应当对当事人如何处罚？

三、食品生产经营许可的规定

《食品安全法》第三十五条规定，我国对食品生产经营实行的是许可制度。从事食品生产、食品流通、餐饮服务，应当依法取得食品生产许可、食品流通许可和餐饮服务许可。

案例解析

2023年2月14日，××市市场监督管理局执法人员前往该市××商务酒店有限公司进行检查，在当事人经营场所内发现存在餐厅，但该酒店现场未能提供食品经营许可证。经查，该酒店内餐厅于2022年11月开始经营，主要经营活动是为在酒店住宿的顾客提供早餐，至检查当日，该酒店未取得食品经营许可证。上述餐厅提供的早餐由顾客通过订购酒店的含早餐的住店项目或者购买早餐券进行消费，餐费标准为10元一份。该酒店内未建立店内早餐券的线下销售记录台账，根据已查实美团平台含早餐的住店项目台账，确认当事人违法行为发生期间，共计出售早餐62份，经营额为620元。

思考：1. 该酒店是否需要取得食品经营许可证？并说明理由。

2. 该酒店违反了《食品安全法》的哪一条规定？

四、食品添加剂生产许可的规定

《食品安全法》第三十九条规定，国家对食品添加剂生产实行许可制度。从事食品添加剂生产，应当具有与所生产食品添加剂品种相适应的场所、生产设备或者设施、专业技术人员和管理制度，并依照本法第三十五条第二款规定的程序，取得食品添加剂生产许可。生产食品添加剂应当符合法律、法规和食品安全国家标准。

五、食品生产经营从业人员健康管理的规定

《食品安全法》第四十五条规定，患有国务院卫生行政部门规定的有碍食品安全疾病的人员，不得从事接触直接入口食品的工作。从事接触直接入口食品工作的食品生产经营人员应当每年进行健康检查，取得健康证明后方可上岗工作。

六、食品出厂检验记录的规定

《食品安全法》第五十一条规定，食品生产企业应当建立食品出厂检验记录制度，查验出厂食品的检验合格证和安全状况，如实记录食品的名称、规格、数量、生产日期或者生产批号、保质期、检验合格证号、销售日期以及购货者名称、地址、联系方式等内容，并保存相关凭证。记录和凭证保存期限应当符合本法第五十条第二款的规定。

七、食品进货查验记录的规定

《食品安全法》第五十三条规定，食品经营者采购食品，应当查验供货者的许可证和食品出厂检验合格证或者其他合格证明。食品经营企业应当建立食品进货查验记录制度，如实记录食品的名称、规格、数量、生产日期或者生产批号、保质期、进货日期以及供货者名称、地址、联系方式等内容，并保存相关凭证。记录和凭证保存期限应当符合本法第五十条第二款的规定。

八、食品召回的规定

知识点
测试 10.2

《食品安全法》第六十三条规定，国家建立食品召回制度。食品生产者发现其生产的食品不符合食品安全标准或者有证据证明可能危害人体健康的，应当立即停止生产，召回已经上市销售的食品，通知相关生产经营者和消费者，并记录召回和通知情况。食品经营者发现其经营的食品有前款规定情形的，应当立即停止经营，通知相关生产经营者和消费者，并记录停止经营和通知情况。食品生产者认为应当召回的，应当立即召回。由于食品经营者的原因造成其经营的食品有前款规定情形的，食品经营者应当召回。

任务三 熟悉食品检验与监督管理的规定

一、食品检验的规定

(一)取得资质认定

《食品安全法》第八十四条规定,食品检验机构按照国家有关认证认可的规定取得资质认定后,方可从事食品检验活动。但是,法律另有规定的除外。

(二)检验人对食品进行独立检验

《食品安全法》第八十五条规定,食品检验由食品检验机构指定的检验人独立进行。检验人应当依照有关法律、法规的规定,并按照食品安全标准和检验规范对食品进行检验,尊重科学,恪守职业道德,保证出具的检验数据和结论客观、公正,不得出具虚假检验报告。

(三)实行食品检验机构与检验人负责制

《食品安全法》第八十六条规定,食品检验实行食品检验机构与检验人负责制。食品检验报告应当加盖食品检验机构公章,并有检验人的签名或者盖章。食品检验机构和检验人对出具的食品检验报告负责。

(四)对食品进行抽样检验

《食品安全法》第八十七条规定,县级以上人民政府食品安全监督管理部门应当对食品进行定期或者不定期的抽样检验,并依据有关规定公布检验结果,不得免检。进行抽样检验,应当购买抽取的样品,委托符合本法规定的食品检验机构进行检验,并支付相关费用;不得向食品生产经营者收取检验费和其他费用。

案例解析

2022 年 7 月 21 日,××区市场监管局执法人员会同市公安局××分局干警对××区某酒店早餐进行现场检查。现场发现 8 个批次涉嫌添加了药品的食品,执法人员依法对产品进行了扣押。×××省××检验检测有限公司对上述 8 个批次的产品抽样检验,有 6 个批次产品的西地那非项目不符合要求,检验结论为不合格。该酒店早餐经营添加药品的食品的行为,涉嫌违反了《中华人民共和国食品安全法》。

思考：1. 依据《食品安全法》，该区市场监管局是否有权对该酒店的早餐进行抽样检验？其法律依据是什么？

2. 依据《食品安全法》，该酒店早餐经营添加药品的食品的行为，涉嫌违反了《食品安全法》哪一条规定？

（五）对自产食品进行自检或委托检验机构检验

《食品安全法》第八十九条规定，食品生产企业可以自行对所生产的食品进行检验，也可以委托符合本法规定的食品检验机构进行检验。食品行业协会和消费者协会等组织、消费者需要委托食品检验机构对食品进行检验的，应当委托符合本法规定的食品检验机构进行。

二、食品监督管理的规定

（一）确定监督管理的重点、方式和频次，并实施风险分级管理

《食品安全法》第一百零九条规定，县级以上人民政府食品安全监督管理部门根据食品安全风险监测、风险评估结果和食品安全状况等，确定监督管理的重点、方式和频次，实施风险分级管理。

县级以上地方人民政府组织本级食品安全监督管理、农业行政等部门制定本行政区域的食品安全年度监督管理计划，向社会公布并组织实施。

食品安全年度监督管理计划应当将下列事项作为监督管理的重点：

（1）专供婴幼儿和其他特定人群的主辅食品；

（2）保健食品生产过程中的添加行为和按照注册或者备案的技术要求组织生产的情况，保健食品标签、说明书以及宣传材料中有关功能宣传的情况；

（3）发生食品安全事故风险较高的食品生产经营者；

（4）食品安全风险监测结果表明可能存在食品安全隐患的事项。

（二）对生产经营者的守法情况进行监督检查

《食品安全法》第一百一十条规定，县级以上人民政府食品安全监督管理部门履行食品安全监督管理职责，有权采取下列措施，对生产经营者遵守本法的情况进行监督检查：

（1）进入生产经营场所实施现场检查；

（2）对生产经营的食品、食品添加剂、食品相关产品进行抽样检验；

（3）查阅、复制有关合同、票据、账簿以及其他有关资料；

（4）查封、扣押有证据证明不符合食品安全标准或者有证据证明存在安全隐患以及用于违法生产经营的食品、食品添加剂、食品相关产品；

（5）查封违法从事生产经营活动的场所。

（三）建立食品安全信用档案

《食品安全法》第一百一十三条规定，县级以上人民政府食品安全监督管理部门应当建立食品生产经营者食品安全信用档案，记录许可颁发、日常监督检查结果、违法行为查处等情况，依法向社会公布并实时更新；对有不良信用记录的食品生产经营者增加监督检查频次，对违法行为情节严重的食品生产经营者，可以通报投资主管部门、证券监督管理机构和有关的金融机构。

（四）接受咨询、投诉、举报

《食品安全法》第一百一十五条规定，县级以上人民政府食品安全监督管理等部门应当公布本部门的电子邮件地址或者电话，接受咨询、投诉、举报。接到咨询、投诉、举报，对属于本部门职责的，应当受理并在法定期限内及时答复、核实、处理；对不属于本部门职责的，应当移交有权处理的部门并书面通知咨询、投诉、举报人。有权处理的部门应当在法定期限内及时处理，不得推诿。对查证属实的举报，给予举报人奖励。有关部门应当对举报人的信息予以保密，保护举报人的合法权益。举报人举报所在企业的，该企业不得以解除、变更劳动合同或者其他方式对举报人进行打击报复。

（五）加强对执法人员的培训

《食品安全法》第一百一十六条规定，县级以上人民政府食品安全监督管理等部门应当加强对执法人员食品安全法律、法规、标准和专业知识与执法能力等的培训，并组织考核。不具备相应知识和能力的，不得从事食品安全执法工作。

（六）实行食品安全信息统一公布制度

《食品安全法》第一百一十八条规定，国家建立统一的食品安全信息平台，实行食品安全信息统一公布制度。国家食品安全总体情况、食品安全风险警示信息、重大食品安全事故及其调查处理信息和国务院确定需要统一公布的其他信息由国务院食品安全监督管理部门统一公布。食品安全风险警示信息和重大食品安全事故及其调查处理信息的影响限于特定区域的，也可以由有关省、自治区、直辖市人民政府食品安全监督管理部门公布。未经授权不得发布上述信息。

县级以上人民政府食品安全监督管理、农业行政部门依据各自职责公布食品安全日常监督管理信息。公布食品安全信息，应当做到准确、及时，并进行必要的解释说明，避免误导消费者和社会舆论。

案例解析

2022年7月21日，×××省市场监管局对该省××市×农业公司经营的茶叶进行抽样检测，经该省检验检测认证总院食品检验检测研究院检验为不合格，不合格项为草甘膦。经查，该公司共生产该批次茶叶12斤，货值金额12000元，违法所得1501.66元。介于该公司主动配合调查，涉案产品数量较少，该市市场监管局

依据《中华人民共和国食品安全法》及《中华人民共和国行政处罚法》规定，责令该公司改正上述违法行为，并给予以下减轻行政处罚：1. 警告；2. 没收不合格的茶叶10斤；3. 没收违法所得1501.66元；4. 罚款24000元。罚没款合计25501.66元，上缴国库。

思考：1. 依据《食品安全法》，该省检验检测认证总院食品检验检测研究院检验报告是否有效？

2. 依据《食品安全法》，该市市场监管局是否有权对该公司作出处罚？

任务四　掌握食品安全事故的处理规定

一、制定食品安全事故应急预案

《食品安全法》第一百零二条规定，国务院组织制定国家食品安全事故应急预案。县级以上地方人民政府应当根据有关法律、法规的规定和上级人民政府的食品安全事故应急预案以及本行政区域的实际情况，制定本行政区域的食品安全事故应急预案，并报上一级人民政府备案。

食品安全事故应急预案应当对食品安全事故分级、事故处置组织指挥体系与职责、预防预警机制、处置程序、应急保障措施等作出规定。

食品生产经营企业应当制定食品安全事故处置方案，定期检查本企业各项食品安全防范措施的落实情况，及时消除事故隐患。

二、发生食品安全事故时，立即采取应对措施，防止事态扩大

《食品安全法》第一百零三条规定，发生食品安全事故的单位应当立即采取措施，防止事故扩大。事故单位和接收病人进行治疗的单位应当及时向事故发生地县级人民政府食品安全监督管理、卫生行政部门报告。

县级以上人民政府农业行政等部门在日常监督管理中发现食品安全事故或者接到事故举报，应当立即向同级食品安全监督管理部门通报。

发生食品安全事故，接到报告的县级人民政府食品安全监督管理部门应当按照应急预案的规定向本级人民政府和上级人民政府食品安全监督管理部门报告。县级人民政府和上级人民政府食品安全监督管理部门应当按照应急预案的规定上报。

任何单位和个人不得对食品安全事故隐瞒、谎报、缓报，不得隐匿、伪造、毁灭有关证据。

三、及时报告

《食品安全法》第一百零四条规定，医疗机构发现其接收的病人属于食源性疾病病人或者疑似病人的，应当按照规定及时将相关信息向所在地县级人民政府卫生行政部门报告。县级人民政府卫生行政部门认为与食品安全有关的，应当及时通报同级食品安全监督管理部门。县级以上人民政府卫生行政部门在调查处理传染病或者其他突发公共卫生事件中发现与食品安全相关的信息，应当及时通报同级食品安全监督管理部门。

第一百零五条规定，县级以上人民政府食品安全监督管理部门接到食品安全事故的报告后，应当立即会同同级卫生行政、农业行政等部门进行调查处理，并采取措施，防止或者减轻社会危害。

发生食品安全事故需要启动应急预案的，县级以上人民政府应当立即成立事故处置指挥机构，启动应急预案，依照前款和应急预案的规定进行处置。

发生食品安全事故，县级以上疾病预防控制机构应当对事故现场进行卫生处理，并对与事故有关的因素开展流行病学调查，有关部门应当予以协助。县级以上疾病预防控制机构应当向同级食品安全监督管理、卫生行政部门提交流行病学调查报告。

四、事故责任调查

《食品安全法》第一百零六条规定，发生食品安全事故，设区的市级以上人民政府食品安全监督管理部门应当立即会同有关部门进行事故责任调查，督促有关部门履行职责，向本级人民政府和上一级人民政府食品安全监督管理部门提出事故责任调查处理报告。

涉及两个以上省、自治区、直辖市的重大食品安全事故由国务院食品安全监督管理部门依照前款规定组织事故责任调查。

第一百零七条规定，调查食品安全事故，应当坚持实事求是、尊重科学的原则，及时、准确查清事故性质和原因，认定事故责任，提出整改措施。调查食品安全事故，除了查明事故单位的责任，还应当查明有关监督管理部门、食品检验机构、认证机构及其工作人员的责任。

五、配合调查处理

《食品安全法》第一百零八条规定，食品安全事故调查部门有权向有关单位和个人了解与事故有关的情况，并要求提供相关资料和样品。有关单位和个人应当予以配合，按照要求提供相关资料和样品，不得拒绝。

案例解析

2019 年 8 月 25 日晚，约 500 名会议代表在××市某国际大酒店用餐。晚餐结束后，很多用餐人员不同程度地出现了食物中毒症状。经当地食品药品监督管

理局调查，这是一起因食用受沙门氏菌污染食品引起的食物中毒事件，涉事酒店超范围经营冷食类食品，供餐的"卤味拼盘"不符合国家食品安全标准，公安机关已于8月29日依法对酒店3名相关责任人员进行行政拘留。

思考：1. 依据《食品安全法》，该国际大酒店是否应及时向事故发生地食品安全监督管理、卫生行政部门报告？其法律依据是什么？

2. 依据《食品安全法》，公安机关是否有权对该酒店相关责任人进行行政拘留？其法律依据是什么？

任务五 了解违反《食品安全法》的法律责任

《食品安全法》的法律责任包括行政处罚责任、民事赔偿责任和刑事责任。

一、行政处罚责任和民事赔偿责任

《食品安全法》第一百二十二条规定，违反本法规定，未取得食品生产经营许可从事食品生产经营活动，或者未取得食品添加剂生产许可从事食品添加剂生产活动的，由县级以上人民政府食品安全监督管理部门没收违法所得和违法生产经营的食品、食品添加剂以及用于违法生产经营的工具、设备、原料等物品；违法生产经营的食品、食品添加剂货值金额不足一万元的，并处五万元以上十万元以下罚款；货值金额一万元以上的，并处货值金额十倍以上二十倍以下罚款。

明知从事前款规定的违法行为，仍为其提供生产经营场所或者其他条件的，由县级以上人民政府食品安全监督管理部门责令停止违法行为，没收违法所得，并处五万元以上十万元以下罚款；使消费者的合法权益受到损害的，应当与食品、食品添加剂生产经营者承担连带责任。

案例解析

××酒店自2022年10月份以来从事餐饮服务活动，主要为来店的消费者提供正餐服务(中餐和晚餐)。该酒店按照消费者通过菜单指定菜品进行加工制作，并按照菜单标明的价格收费。该酒店从事餐饮服务活动以来，只办理了营业执照，一直未申请办理食品经营许可证或者××省小餐饮登记证。并且，该酒店未建立完整的进货台账。×局对其作出如下处罚：处罚款人民币叁仟元。

思考：1. 依据《食品安全法》，×局对××酒店作出处罚的法律依据什么？

2. 依据《食品安全法》，×局对该酒店如何处罚？

第一百二十三条规定，违反本法规定，尚不构成犯罪的，由县级以上人民政府食品安全监督管理部门没收违法所得和违法生产经营的食品，并可以没收用于违法生产经营的工具、设备、原料等物品；违法生产经营的食品货值金额不足一万元的，并处十万元以上十五万元以下罚款；货值金额一万元以上的，并处货值金额十五倍以上三十倍以下罚款；情节严重的，吊销许可证，并可以由公安机关对其直接负责的主管人员和其他直接责任人员处五日以上十五日以下拘留。

明知从事前款规定的违法行为，仍为其提供生产经营场所或者其他条件的，由县级以上人民政府食品安全监督管理部门责令停止违法行为，没收违法所得，并处十万元以上二十万元以下罚款；使消费者的合法权益受到损害的，应当与食品生产经营者承担连带责任。

违法使用剧毒、高毒农药的，除依照有关法律、法规规定给予处罚外，可以由公安机关依照第一款规定给予拘留。

第一百二十四条规定，违反本法规定，有下列情形之一，尚不构成犯罪的，由县级以上人民政府食品安全监督管理部门没收违法所得和违法生产经营的食品、食品添加剂，并可以没收用于违法生产经营的工具、设备、原料等物品；违法生产经营的食品、食品添加剂货值金额不足一万元的，并处五万元以上十万元以下罚款；货值金额一万元以上的，并处货值金额十倍以上二十倍以下罚款；情节严重的，吊销许可证：

(1)生产经营致病性微生物，农药残留、兽药残留、生物毒素、重金属等污染物质以及其他危害人体健康的物质含量超过食品安全标准限量的食品、食品添加剂；

(2)用超过保质期的食品原料、食品添加剂生产食品、食品添加剂，或者经营上述食品、食品添加剂；

(3)生产经营超范围、超限量使用食品添加剂的食品；

(4)生产经营腐败变质、油脂酸败、霉变生虫、污秽不洁、混有异物、掺假掺杂或者感官性状异常的食品、食品添加剂；

(5)生产经营标注虚假生产日期、保质期或者超过保质期的食品、食品添加剂；

(6)生产经营未按规定注册的保健食品、特殊医学用途配方食品、婴幼儿配方乳粉，或者未按注册的产品配方、生产工艺等技术要求组织生产；

(7)以分装方式生产婴幼儿配方乳粉，或者同一企业以同一配方生产不同品牌的婴幼儿配方乳粉；

(8)利用新的食品原料生产食品，或者生产食品添加剂新品种，未通过安全性评估；

(9)食品生产经营者在食品安全监督管理部门责令其召回或者停止经营后，仍拒不召回或者停止经营。

除前款和本法第一百二十三条、第一百二十五条规定的情形外，生产经营不符合法律、法规或者食品安全标准的食品、食品添加剂的，依照前款规定给予处罚。

生产食品相关产品新品种，未通过安全性评估，或者生产不符合食品安全标准的食品相关产品的，由县级以上人民政府食品安全监督管理部门依照本条第一款规定给予处罚。

第一百二十五条规定，违反本法规定，有下列情形之一的，由县级以上人民政府食品安全监督管理部门没收违法所得和违法生产经营的食品、食品添加剂，并可以没收用于违法生产经营的工具、设备、原料等物品；违法生产经营的食品、食品添加剂货值金额不足一万元的，并处五千元以上五万元以下罚款；货值金额一万元以上的，并处货值金额五倍以上十倍以下罚款；情节严重的，责令停产停业，直至吊销许可证。

(1)生产经营被包装材料、容器、运输工具等污染的食品、食品添加剂；

(2)生产经营无标签的预包装食品、食品添加剂或者标签、说明书不符合本法规定的食品、食品添加剂；

(3)生产经营转基因食品未按规定进行标示；

(4)食品生产经营者采购或者使用不符合食品安全标准的食品原料、食品添加剂、食品相关产品。

生产经营的食品、食品添加剂的标签、说明书存在瑕疵但不影响食品安全且不会对消费者造成误导的，由县级以上人民政府食品安全监督管理部门责令改正；拒不改正的，处二千元以下罚款。

第一百二十六条规定，违反本法规定，有下列情形之一的，由县级以上人民政府食品安全监督管理部门责令改正，给予警告；拒不改正的，处五千元以上五万元以下罚款；情节严重的，责令停产停业，直至吊销许可证：

(1)食品、食品添加剂生产者未按规定对采购的食品原料和生产的食品、食品添加剂进行检验；

(2)食品生产经营企业未按规定建立食品安全管理制度，或者未按规定配备或者培训、考核食品安全管理人员；

(3)食品、食品添加剂生产经营者进货时未查验许可证和相关证明文件，或者未按规定建立并遵守进货查验记录、出厂检验记录和销售记录制度；

(4)食品生产经营企业未制定食品安全事故处置方案；

(5)餐具、饮具和盛放直接入口食品的容器，使用前未经洗净、消毒或者清洗消毒不合格，或者餐饮服务设施、设备未按规定定期维护、清洗、校验；

(6)食品生产经营者安排未取得健康证明或者患有国务院卫生行政部门规定的有碍食品安全疾病的人员从事接触直接入口食品的工作；

(7)食品经营者未按规定要求销售食品；

(8)保健食品生产企业未按规定向食品安全监督管理部门备案，或者未按备案的产品配方、生产工艺等技术要求组织生产；

(9)婴幼儿配方食品生产企业未将食品原料、食品添加剂、产品配方、标签等向食品安全监督管理部门备案；

(10)特殊食品生产企业未按规定建立生产质量管理体系并有效运行，或者未定期提交自查报告；

(11)食品生产经营者未定期对食品安全状况进行检查评价，或者生产经营条件发生变化，未按规定处理；

(12)学校、托幼机构、养老机构、建筑工地等集中用餐单位未按规定履行食品安全管理责任；

(13)食品生产企业、餐饮服务提供者未按规定制定、实施生产经营过程控制要求。

餐具、饮具集中消毒服务单位违反本法规定用水,使用洗涤剂、消毒剂,或者出厂的餐具、饮具未按规定检验合格并随附消毒合格证明,或者未按规定在独立包装上标注相关内容的,由县级以上人民政府卫生行政部门依照前款规定给予处罚。

食品相关产品生产者未按规定对生产的食品相关产品进行检验的,由县级以上人民政府食品安全监督管理部门依照第一款规定给予处罚。

食用农产品销售者违反本法第六十五条规定的,由县级以上人民政府食品安全监督管理部门依照第一款规定给予处罚。

第一百二十七条规定,对食品生产加工小作坊、食品摊贩等的违法行为的处罚,依照省、自治区、直辖市制定的具体管理办法执行。

第一百二十八条规定,违反本法规定,事故单位在发生食品安全事故后未进行处置、报告的,由有关主管部门按照各自职责分工责令改正,给予警告;隐匿、伪造、毁灭有关证据的,责令停产停业,没收违法所得,并处十万元以上五十万元以下罚款;造成严重后果的,吊销许可证。

第一百二十九条规定,违反本法规定,有下列情形之一的,由出入境检验检疫机构依照本法第一百二十四条的规定给予处罚:

(1)提供虚假材料,进口不符合我国食品安全国家标准的食品、食品添加剂、食品相关产品;

(2)进口尚无食品安全国家标准的食品,未提交所执行的标准并经国务院卫生行政部门审查,或者进口利用新的食品原料生产的食品或者进口食品添加剂新品种、食品相关产品新品种,未通过安全性评估;

(3)未遵守本法的规定出口食品;

(4)进口商在有关主管部门责令其依照本法规定召回进口的食品后,仍拒不召回。

违反本法规定,进口商未建立并遵守食品、食品添加剂进口和销售记录制度、境外出口商或者生产企业审核制度的,由出入境检验检疫机构依照本法第一百二十六条的规定给予处罚。

第一百三十条规定,违反本法规定,集中交易市场的开办者、柜台出租者、展销会的举办者允许未依法取得许可的食品经营者进入市场销售食品,或者未履行检查、报告等义务的,由县级以上人民政府食品安全监督管理部门责令改正,没收违法所得,并处五万元以上二十万元以下罚款;造成严重后果的,责令停业,直至由原发证部门吊销许可证;使消费者的合法权益受到损害的,应当与食品经营者承担连带责任。

食用农产品批发市场违反本法第六十四条规定的,依照前款规定承担责任。

第一百三十一条规定,违反本法规定,网络食品交易第三方平台提供者未对入网食品经营者进行实名登记、审查许可证,或者未履行报告、停止提供网络交易平台服务等义务的,由县级以上人民政府食品安全监督管理部门责令改正,没收违法所得,并处五万元以上二十万元以下罚款;造成严重后果的,责令停业,直至由原发证部门吊销许可证;使消费者的合法权益受到损害的,应当与食品经营者承担连带责任。

消费者通过网络食品交易第三方平台购买食品,其合法权益受到损害的,可以向入网食品经营者或者食品生产者要求赔偿。网络食品交易第三方平台提供者不能提供入

网食品经营者的真实名称、地址和有效联系方式的，由网络食品交易第三方平台提供者赔偿。网络食品交易第三方平台提供者赔偿后，有权向入网食品经营者或者食品生产者追偿。网络食品交易第三方平台提供者作出更有利于消费者承诺的，应当履行其承诺。

第一百三十二条规定，违反本法规定，未按要求进行食品贮存、运输和装卸的，由县级以上人民政府食品安全监督管理等部门按照各自职责分工责令改正，给予警告；拒不改正的，责令停产停业，并处一万元以上五万元以下罚款；情节严重的，吊销许可证。

第一百三十三条规定，违反本法规定，拒绝、阻挠、干涉有关部门、机构及其工作人员依法开展食品安全监督检查、事故调查处理、风险监测和风险评估的，由有关主管部门按照各自职责分工责令停产停业，并处二千元以上五万元以下罚款；情节严重的，吊销许可证；构成违反治安管理行为的，由公安机关依法给予治安管理处罚。

违反本法规定，对举报人以解除、变更劳动合同或者其他方式打击报复的，应当依照有关法律的规定承担责任。

第一百三十四条规定，食品生产经营者在一年内累计三次因违反本法规定受到责令停产停业、吊销许可证以外处罚的，由食品安全监督管理部门责令停产停业，直至吊销许可证。

第一百三十五条规定，被吊销许可证的食品生产经营者及其法定代表人、直接负责的主管人员和其他直接责任人员自处罚决定作出之日起五年内不得申请食品生产经营许可，或者从事食品生产经营管理工作、担任食品生产经营企业食品安全管理人员。

因食品安全犯罪被判处有期徒刑以上刑罚的，终身不得从事食品生产经营管理工作，也不得担任食品生产经营企业食品安全管理人员。

食品生产经营者聘用人员违反前两款规定的，由县级以上人民政府食品安全监督管理部门吊销许可证。

第一百三十六条规定，食品经营者履行了本法规定的进货查验等义务，有充分证据证明其不知道所采购的食品不符合食品安全标准，并能如实说明其进货来源的，可以免予处罚，但应当依法没收其不符合食品安全标准的食品；造成人身、财产或者其他损害的，依法承担赔偿责任。

第一百三十七条规定，违反本法规定，承担食品安全风险监测、风险评估工作的技术机构、技术人员提供虚假监测、评估信息的，依法对技术机构直接负责的主管人员和技术人员给予撤职、开除处分；有执业资格的，由授予其资格的主管部门吊销执业证书。

第一百三十八条规定，违反本法规定，食品检验机构、食品检验人员出具虚假检验报告的，由授予其资质的主管部门或者机构撤销该食品检验机构的检验资质，没收所收取的检验费用，并处检验费用五倍以上十倍以下罚款，检验费用不足一万元的，并处五万元以上十万元以下罚款；依法对食品检验机构直接负责的主管人员和食品检验人员给予撤职或者开除处分；导致发生重大食品安全事故的，对直接负责的主管人员和食品检验人员给予开除处分。

违反本法规定，受到开除处分的食品检验机构人员，自处分决定作出之日起十年内不得从事食品检验工作；因食品安全违法行为受到刑事处罚或者因出具虚假检验报告

导致发生重大食品安全事故受到开除处分的食品检验机构人员，终身不得从事食品检验工作。食品检验机构聘用不得从事食品检验工作的人员的，由授予其资质的主管部门或者机构撤销该食品检验机构的检验资质。

食品检验机构出具虚假检验报告，使消费者的合法权益受到损害的，应当与食品生产经营者承担连带责任。

第一百三十九条规定，违反本法规定，认证机构出具虚假认证结论，由认证认可监督管理部门没收所收取的认证费用，并处认证费用五倍以上十倍以下罚款，认证费用不足一万元的，并处五万元以上十万元以下罚款；情节严重的，责令停业，直至撤销认证机构批准文件，并向社会公布；对直接负责的主管人员和负有直接责任的认证人员，撤销其执业资格。

认证机构出具虚假认证结论，使消费者的合法权益受到损害的，应当与食品生产经营者承担连带责任。

第一百四十条规定，违反本法规定，在广告中对食品作虚假宣传，欺骗消费者，或者发布未取得批准文件、广告内容与批准文件不一致的保健食品广告的，依照《中华人民共和国广告法》的规定给予处罚。

广告经营者、发布者设计、制作、发布虚假食品广告，使消费者的合法权益受到损害的，应当与食品生产经营者承担连带责任。

社会团体或者其他组织、个人在虚假广告或者其他虚假宣传中向消费者推荐食品，使消费者的合法权益受到损害的，应当与食品生产经营者承担连带责任。

违反本法规定，食品安全监督管理等部门、食品检验机构、食品行业协会以广告或者其他形式向消费者推荐食品，消费者组织以收取费用或者其他牟取利益的方式向消费者推荐食品的，由有关主管部门没收违法所得，依法对直接负责的主管人员和其他直接责任人员给予记大过、降级或者撤职处分；情节严重的，给予开除处分。

对食品作虚假宣传且情节严重的，由省级以上人民政府食品安全监督管理部门决定暂停销售该食品，并向社会公布；仍然销售该食品的，由县级以上人民政府食品安全监督管理部门没收违法所得和违法销售的食品，并处二万元以上五万元以下罚款。

第一百四十一条规定，违反本法规定，编造、散布虚假食品安全信息，构成违反治安管理行为的，由公安机关依法给予治安管理处罚。

媒体编造、散布虚假食品安全信息的，由有关主管部门依法给予处罚，并对直接负责的主管人员和其他直接责任人员给予处分；使公民、法人或者其他组织的合法权益受到损害的，依法承担消除影响、恢复名誉、赔偿损失、赔礼道歉等民事责任。

第一百四十二条规定，违反本法规定，县级以上地方人民政府有下列行为之一的，对直接负责的主管人员和其他直接责任人员给予记大过处分；情节较重的，给予降级或者撤职处分；情节严重的，给予开除处分；造成严重后果的，其主要负责人还应当引咎辞职：

(1)对发生在本行政区域内的食品安全事故，未及时组织协调有关部门开展有效处置，造成不良影响或者损失；

(2)对本行政区域内涉及多环节的区域性食品安全问题，未及时组织整治，造成不良影响或者损失；

(3)隐瞒、谎报、缓报食品安全事故;

(4)本行政区域内发生特别重大食品安全事故,或者连续发生重大食品安全事故。

第一百四十三条规定,违反本法规定,县级以上地方人民政府有下列行为之一的,对直接负责的主管人员和其他直接责任人员给予警告、记过或者记大过处分;造成严重后果的,给予降级或者撤职处分:

(1)未确定有关部门的食品安全监督管理职责,未建立健全食品安全全程监督管理工作机制和信息共享机制,未落实食品安全监督管理责任制;

(2)未制定本行政区域的食品安全事故应急预案,或者发生食品安全事故后未按规定立即成立事故处置指挥机构、启动应急预案。

第一百四十四条规定,违反本法规定,县级以上人民政府食品安全监督管理、卫生行政、农业行政等部门有下列行为之一的,对直接负责的主管人员和其他直接责任人员给予记大过处分;情节较重的,给予降级或者撤职处分;情节严重的,给予开除处分;造成严重后果的,其主要负责人还应当引咎辞职:

(1)隐瞒、谎报、缓报食品安全事故;

(2)未按规定查处食品安全事故,或者接到食品安全事故报告未及时处理,造成事故扩大或者蔓延;

(3)经食品安全风险评估得出食品、食品添加剂、食品相关产品不安全结论后,未及时采取相应措施,造成食品安全事故或者不良社会影响;

(4)对不符合条件的申请人准予许可,或者超越法定职权准予许可;

(5)不履行食品安全监督管理职责,导致发生食品安全事故。

第一百四十五条规定,违反本法规定,县级以上人民政府食品安全监督管理、卫生行政、农业行政等部门有下列行为之一,造成不良后果的,对直接负责的主管人员和其他直接责任人员给予警告、记过或者记大过处分;情节较重的,给予降级或者撤职处分;情节严重的,给予开除处分:

(1)在获知有关食品安全信息后,未按规定向上级主管部门和本级人民政府报告,或者未按规定相互通报;

(2)未按规定公布食品安全信息;

(3)不履行法定职责,对查处食品安全违法行为不配合,或者滥用职权、玩忽职守、徇私舞弊。

第一百四十六条规定,食品安全监督管理等部门在履行食品安全监督管理职责过程中,违法实施检查、强制等执法措施,给生产经营者造成损失的,应当依法予以赔偿,对直接负责的主管人员和其他直接责任人员依法给予处分。

第一百四十七条规定,违反本法规定,造成人身、财产或者其他损害的,依法承担赔偿责任。生产经营者财产不足以同时承担民事赔偿责任和缴纳罚款、罚金时,先承担民事赔偿责任。

第一百四十八条规定,消费者因不符合食品安全标准的食品受到损害的,可以向经营者要求赔偿损失,也可以向生产者要求赔偿损失。接到消费者赔偿要求的生产经营者,应当实行首负责任制,先行赔付,不得推诿;属于生产者责任的,经营者赔偿后有权向生产者追偿;属于经营者责任的,生产者赔偿后有权向经营者追偿。

生产不符合食品安全标准的食品或者经营明知是不符合食品安全标准的食品，消费者除要求赔偿损失外，还可以向生产者或者经营者要求支付价款十倍或者损失三倍的赔偿金；增加赔偿的金额不足一千元的，为一千元。但是，食品的标签、说明书存在不影响食品安全且不会对消费者造成误导的瑕疵的除外。

二、刑事责任

法律依据：《食品安全法》第一百四十九条规定，违反本法规定，构成犯罪的，依法追究刑事责任。

案例解析

2022 年 1 月，时任被告单位上海某国际有限公司法定代表人、总经理的被告人刘某在得知公司部分奶粉、奶酪已经过期后，将该批奶粉、奶酪销售给尚某经营的公司。2022 年 1 月 15 日，上海某国际有限公司将存放公司仓库内的超过保质期的新西兰恒天然全脂奶粉 8330 袋(25 kg/袋)，以及超过保质期的新西兰恒天然切达奶酪 269 箱(20 kg/箱)交付给尚某(另案处理)经营的公司，销售金额共计 295 万余元。2022 年 4 月，上述部分超过保质期的奶粉及全部奶酪被执法部门查获。

思考：1. 依据《食品安全法》，上海某国际有限公司及刘某应承担哪些法律责任？

2. 依据《食品安全法》，执法部门对该公司应对上海某国际有限公司及刘某作出如何处罚？

任务六　酒店常见食品安全问题

一、酒店食品安全的特点

(一)突然性

酒店食品安全包括许多不确定因素，如化学中毒、季节性食物中毒等。此外酒店各个方面都存在食品安全危害，每个过程、每个工序，在任何时间都可能出现食品安全问题，隐患往往不容易被发现。

(二)严重性

一般认为，酒店的食物无论从色香味还是安全环境等方面都要明显好于路边的大排档摊，当然，价格也要远高于路边大排档摊。但如果酒店发生食物中毒等食品安全事

故，酒店餐饮业的形象将大大受到打击，不仅这家酒店的品牌会受到损伤，还会影响酒店连锁甚至整个酒店业的形象和声誉。由此引起一系列的连锁反应，其影响是无法估量的。

（三）一体性

餐饮是许多酒店收入的重要组成部分，酒店的食品从原材料的选购需要经过多个阶段，包括前期进行采购、中期加工和后期销售三个阶段。每一步都紧密相连，每一步都非常重要。只有正确并严格按照标准进行管理时，才能确保食品安全。此外，酒店的餐饮品牌与酒店的品牌和声誉密切相关。

二、常见食品安全问题

常见的酒店食品安全问题有以下四个方面。

（一）菜品中有异物

菜品中混有异物指食品中混有与食品属性不同、影响食品质量安全且可能对人体健康造成伤害的物质。对于异物的判定，不能仅凭感官观察，而应结合食品配料表中的食品原料属性及食品本身属性、加工工艺流程等因素综合判断。一般认为，菜肴中混有蝇虫、钢丝、草根，甚至还有碎瓷片、碎玻璃、毛发、铁钉等物品明显属于异物，“异物”应该是非加工工艺必须、可能会对人体造成伤害的非食用物质，如果是可食用物质或是工艺必需但能够被消费者肉眼识别的，应该有别于“异物”对待。

（二）菜品卫生不达标

酒店菜品卫生安全问题主要来自生产和服务环节。在生产环节，一些酒店使用劣质食材，不注重食品质量检测，还存在加工污染，使用过期食品等问题。在服务环节，酒店缺乏规范的操作流程和卫生标准，服务人员水平不佳等问题也会导致卫生安全问题的产生。

（三）工作人员个人卫生不达标

有的服务员赶时髦，将头发染色，脱落的头发若掉入食品中，就会直接影响到食品卫生；有的服务员用香味很浓的护肤品，为客人服务的时候很容易引起客人的反感；有的服务员留长指甲，而指甲内有许多病菌，在为客人上菜、斟酒时会让客人很反感；有的女服务员涂抹指甲油，而指甲油容易掉，客人看见服务员手指涂有指甲油会认为菜中有掉下的指甲油；有的服务员上班期间佩戴戒指、手镯、耳环等有可能影响食品卫生和服务操作的饰物；有的服务员将抹布或围裙搭在肩上或夹在腋下，甚至用围裙擦手或擦汗；有的服务员穿着工作衣随意外出、上洗手间，易携带致病菌。

（四）餐厅卫生不达标

(1)卫生条件差，包括餐厅店面的清洁问题，比如，地面清扫不干净，清洁用具四处堆放，尘土和污垢没能彻底清理，以及桌椅的表面有污渍或者有损坏，没能及时进行更

换，缺少必要的环境消毒，给人一种脏乱差的环境印象。

(2)食品处理区布局不合理，例如，蔬菜无粗加工区域，直接在烹饪间设置简易水龙头进行清洗及粗加工。

(3)食品处理区卫生环境差，包括地面积水和积油较严重，烹饪区抽油烟机积油较严重。

(4)食材仓库无排风设施，环境潮湿较严重，仓库存放的散装食品无标签标识。

(5)生、熟食容器混用，易造成交叉污染。

(6)盛放熟食容器未进行有效消毒及保洁存放。

(7)凉菜专间不符合操作规范要求，例如，无洗手、消毒、更衣设施；工作期间专间两头大门敞开；紫外线灯无消毒使用记录；未清洗水果进入专间；私人物品杂乱堆放专间等。

(8)烹饪间食物落地摆放，禽蛋类使用前未清洗。

(9)冰箱内生、熟食混放，易造成交叉污染。

(10)现场操作人员个人卫生不符合操作规范要求，例如，专间操作人员未按要求洗手、消毒、更衣、戴口罩，烹饪间现场操作人员留长指甲、手部伤口红肿等。

三、酒店各方联动，保证食品安全

(一)人力资源

作为服务行业，健康证是上岗的必要条件。而目前餐饮健康证的有效期为一年。因此，当有员工健康证即将过期时，人力资源部将督促员工重新办理健康证，逾期未办理的应不予上岗。同时，建立相应的奖惩制度及体系，若员工经过培训仍无法按规定操作或具有明显态度问题的，应给出相应惩罚措施。

(二)卫生经理

酒店应当有专门的卫生经理或卫生负责人，卫生经理应确保操作遵循 HACCP(Hazard Analysis and Critical Control Point，危害分析与关键控制点)体系。卫生经理应参与食品卫生安全规章制度的制定以及培训材料的编写，作为审查及操作执行标准，并进行卫生培训的指导或讲授。同时，卫生经理应与管理层进行定期卫生检查及不定期抽查，出具检查报告，从厨房流程操作到餐厅卫生维护及设备维护，并督促改进。

(三)培训部

加强员工培训。新员工在入职培训时应接受卫生培训并通过考核方能上岗。同时，由于食品卫生条例及知识较多，培训部可考虑将培训材料编写成较易携带的版本供员工翻阅，也可录制视频等供员工学习。酒店餐厅每年应进行食品安全复习培训及考核。

(四)各个部门

部门应当将卫生培训纳入日常培训计划并对流程执行及员工仪容仪表进行自查。

部门需根据《食品卫生安全条例》进行内部培训及检查，可通过“角色扮演”或“案例分析”或以小组为单位进行内部奖惩激励，贯彻落实卫生标准。不可否认，一些酒店及餐厅具备完善的管理条例，然而收效甚微。培训部及部门应当考虑培训内容及方式的合理性，使培训更为高效实用。对于出现食品问题的客诉，部门应当做好记录，确保有专人跟进，追根究底并对客人进行安抚及必要赔偿。当重大食品安全事故发生时，则应由酒店总经理或公关部发表对外公告，员工不得私自进行回应。

厨房进行食物操作时，应佩戴手套，保证生熟分离。在处理不同食材时，应用不同砧板。红色用于处理牲畜类、牛羊生肉类；蓝色用于处理海鲜水产品；白色用于处理熟食奶酪等；绿色则是处理水果蔬菜等；黄色处理鸡鸭生肉类。同时，在储藏食品时，应当严格把控温度。妥善贮存原材料可保持其品质和延长保质期，并可防止原材料受到致病菌、化学品及异物污染，以免食物不再适宜供人食用。一般来说，引致食物中毒的病原体及其他经食物传播的病原体，在 5 ℃—63 ℃的温度范围内繁殖得最快。因此，有潜在危害的食物应贮存在 5 ℃或以下，或者 63 ℃或以上，以抑制上述细菌繁殖至影响食物安全的水平。冷藏高风险食品储存于 0 ℃—5 ℃；冷藏蔬菜水果储存于 10 ℃以下；冷冻食品储存于－18 ℃以下。同时，当需要储存及取用时，应在食品包装上详细写下时间、保质期、温度等详细信息。

（五）采购部

应当选择资质齐全且口碑良好的供应商，合格的供应商应该具有工商营业执照（每年年检后更新）、食品生产许可证（QS 认证）、企业代码证、消防验收合格证、商品条形码证等。进口商品应具有第三方认证证书、HACCP 证书、BRC（British Retail Consortium，英国零售商协会）证书、ISO9001 证书、ISO22000 证书之一。产品必须要有健康证、产地证、CIQ（出入境检验检疫局）检验检疫证、产品必须带有中文标签。

在食材验收前，冷藏食品及冷冻食品必须测温。冷藏食品温度应控制在 10 ℃以下。为保证食品温度，有条件的供应商应尽量使用冷藏车；没有冷藏车的，可使用密闭保温箱及可食用冰/冰盒进行配送过程中的冷藏保温。冷冻食品表面温度应小于或等于－12 ℃。在接收冷冻食品后应贴上解冻标签，按照解冻食品的第二保质期处理，但凡有软化、冰晶或再冻迹象，均应拒收。收货现场应设冷藏设备以保证冷藏食品脱离冷链时间不超过 20 分钟、冷冻食品脱离冷链时间不超过 30 分钟。

案例解析

某日，××县食品药品监管局接到群众举报，称 87 名就餐者在某酒店就餐后出现呕吐、腹痛、腹泻、发热等食物中毒症状。××县食品药品监管局派执法人员立即赶赴事发现场，在配合卫生行政部门做好中毒患者救治同时，对某酒店可能存在的违法行为开展调查。经查，该酒店擅自变更了经营场所、食品加工间布局，未重新申请办理餐饮服务许可证；热菜加工间存有食品原料，且生熟不分；操作人员违反食品安全操作规程，不认真执行餐具清洗消毒制度。上述违法行为增加了发

生食物中毒风险。经对现场留样的菜品和食物中毒患者排泄物抽样检验,致病性微生物沙门氏菌超过食品安全标准限量。

该酒店的行为,违反了《食品安全法》,依据《食品安全法》规定,××县食品药品监管局对该酒店作出以下处罚:没收违法所得 12920 元,处以货值金额十倍罚款 129200 元,并吊销餐饮服务许可证。

思考:1. 依据《食品安全法》,该酒店应承担哪些法律责任?

2. 依据《食品安全法》,执法部门对该酒店应作出的处罚是否恰当?

项目小结

该项目介绍了《中华人民共和国食品安全法》立法背景、主要内容、颁布的意义、适用范围和亮点。介绍了食品生产经营的要求、食品检验与监督管理的规定、食品安全事故的处理规定、违反《食品安全法》的法律责任。阐述了酒店食品安全的特点,分析了常见食品安全问题,并对酒店的食品安全问题提出了建议。

项目十一
酒店治安管理制度

学习目标

知识目标

1. 了解《旅游安全管理办法》的立法背景、主要内容、主要特点和突出亮点；
2. 熟悉《旅馆业治安管理办法》的立法背景、主要内容。

能力目标

1. 运用所学的知识，能简单地分析相关的案例；
2. 通过知识点的学习和案例的讲解分析，培养学生运用酒店治安管理制度的有关知识解决酒店行业遇到的实际问题的能力。

素质目标

1. 培养学生的旅游安全管理意识；
2. 通过对《旅馆业治安管理办法》的学习，维护《旅馆业治安管理办法》的权威。

关键概念

旅游安全　风险提示　安全管理　突发事件

案例导入

2023 年 3 月 23 日—28 日，××省某国际旅行社有限公司组织旅游者连某、邱某参加迪拜出境旅游，但未按照要求为旅游者制作安全信息卡，也未将安全信息卡交由旅游者随身携带。经查明，当事人××省某国际旅行社有限公司违反了《旅游安全管理办法》第十二条的规定。依据《旅游安全管理办法》第三十五条规定，参照《××市文化和旅游行政处罚裁量标准》，××市文化和旅游局对该旅行社给予警告，并处 1000 元罚款的行政处罚。

思考：旅行社从此案例应吸取哪些教训？

任务一 了解《旅游安全管理办法》的基本内容

一、立法概述

旅游安全管理，是指国家有关旅游安全管理机关、旅游企事业单位、旅游从业人员在旅游活动中为保障旅游者人身和财物安全，依据各项法律、法规和规章制度而实施的各种行为的总称。

20 世纪 90 年代，国家旅游局相继发布了旅游安全管理《旅游安全管理暂行办法实施细则》《重大旅游安全事故报告制度试行办法》《重大旅游安全事故处理程序试行办法》和《漂流旅游安全管理暂行办法》等一系列配套或相关规范性文件，形成了目前我国旅游安全管理的基本制度。这些制度在之前的旅游安全管理中发挥了重要作用。然而随着旅游产业的快速发展和国内外安全形势的动态变化，涉旅安全事故频发，旅游安全形势依然严峻，旅游行业急需制定新的管理办法。

（一）修订背景

出台《旅游安全管理办法》既是贯彻实施旅游法和相关安全法律法规的需要，又是适应旅游安全管理职责的需要，也是保障旅游者人身财产安全的需要。

1. 贯彻实施旅游法和相关安全法律法规的需要

2007 年，我国颁布实施了《中华人民共和国突发事件应对法》；2013 年，《中华人民共和国旅游法》颁布实施，专设旅游安全一章；2014 年，《中华人民共和国安全生产法》修订颁布……，这些法律法规对旅游安全提出了统领性要求，因此有必要制定办法细化规定，废止违反上位法的规定。

2. 适应旅游安全管理职责的需要

2015 年国务院安全生产委员会印发了《国务院安全生产委员会成员单位安全生产工作职责分工》（安委〔2015〕5 号），按照分工，当时国家旅游局仅在职责范围内依法对旅游安全工作进行指导、防范、监管、培训、统计分析和应急处理，但《旅游安全管理暂行办法》（下文称《暂行办法》）对旅游部门安全监管权限和责任设置过大，与实际不相符。

3. 保障旅游者人身财产安全的需要

在此之前，涉旅安全事故频发，旅游安全形势依然严峻，但《暂行办法》对经营者的安全经营义务设定甚少，操作性较差，不利于对旅游者人身、财产安全的保障。

4. 适应安全生产新形势新要求的需要

从宏观而言，当前我国安全生产形势发生了很大变化，对安全问题提出了更高的管理要求，更强调以人为本；从微观来看，旅游市场环境发生了巨变，过去旅游以组团观光为主，现阶段旅游日益日常化、大众化、散客化并向国际化迈进，安全管理面临着更大挑战；同时旅游业本身也处于转型升级时期，全域旅游的发展更需要全域性管理思维，因

此，《旅游安全管理办法》的出台有利于提升旅游安全工作的管理水平和效率，也与我国旅游产业的发展现状相匹配。

（二）立法情况

《旅游安全管理办法》于 2016 年 9 月 7 日经国家旅游局第 11 次局长办公会议审议通过并予公布，自 2016 年 12 月 1 日起施行。

二、主要内容及特点

（一）主要内容

《旅游安全管理办法》包括总则（第 1—5 条）、经营安全（第 6—15 条）、风险提示（第 16—21 条）、安全管理（第 22—32 条）、罚则（第 33—38 条）和附则（第 39—45 条）共六章 45 条，基本覆盖了旅游安全管理的各项工作。

（二）特点

《旅游安全管理办法》具有主体清晰、任务明确、重点突出等特点。《旅游安全管理办法》调整和规范了旅游安全工作主体，通过清晰的主体界定，务实有效地推动旅游安全工作。对于旅游部门，既宏观确定了旅游部门的安全管理责任，也详细规范了旅游部门在日常安全管理工作、预案制订、景区承载量管控以及旅游突发事件应急处置、调查、报告中的具体任务和职责；对于旅游经营者，明确了其应具备的安全生产条件，明确了旅游经营者在旅游安全检查、旅游风险监测评估、高风险项目和特殊群体的安全保障、旅游安全生产教育和培训、游客安全管理、突发事件应急处置和报告等任务职责，并对旅行社的源头安全管理责任、出境安全管理等提出了要求。

此外，《旅游安全管理办法》对旅游部门和旅游经营者等两类主体既强调要重视日常预防性安全管理，也强调要重视旅游突发事件的应急处置和报告。

（三）突出亮点

风险提示成突出亮点。根据《旅游法》《突发事件应对法》和相关部门的有关制度，结合各地实践，《旅游安全管理办法》将第三章单独列为“风险提示”，明确了旅游目的地安全风险的级别及其划分标准，风险提示信息的内容，风险提示的法律后果，风险提示信息的发布主体、程序和方式。

“风险提示”的内容既是来自多年安全管理的经验总结，也适应了新的旅游公共服务需求，不仅是旅游主管部门依法行政的表现，同时也是管理观念的转型，还体现了以人为本的服务理念。

三、案例分析

案情：2022 年 7 月 4 日，刘先生在某平台上预订敦煌市××国际旅行社旅游。该旅行社安排黑车司机负责其交通出行，该司机不认识路还试图在高速上调头，所以刘先

生与旅行社联系想更换司机，被该司机记恨。并且在住宿的时候，该司机让旅客去自己熟悉的酒店，刘先生怀疑司机有收回扣的行为，双方在酒店大厅发生争执，因为害怕司机报复，刘先生没到当地派出所进行现场处理。刘先生的诉求：①旅行社进行 3 万元赔偿；②对该旅行社欺骗游客行为进行处罚。

依据《旅游安全管理办法》，敦煌市文体广电和旅游局文化市场综合行政执法队对敦煌市××国际旅行社有限责任公司作出以下行政处罚：1. 警告；2. 罚款 3000 元。

案情分析：本案中，旅行社向合格供应商订购了产品和服务，但供应商却向旅行社提供了不符合法律、法规规定或者存在安全隐患的服务，旅行社在明知供应商提供上述服务后并没有制止或者更换，反而默许供应商的行为直至游客投诉发生，据此可以认定旅行社在此案件中存在主观故意情形，后期作出行政处罚时考虑到旅行社主观故意情形，因此对旅行社最终作出的行政处罚依据为《旅游安全管理办法》第三十四条规定中情节严重一档。

法律依据：《旅游安全管理办法》第十一条第二款："旅行社及其从业人员发现履行辅助人提供的服务不符合法律、法规规定或者存在安全隐患的，应当予以制止或者更换。"

《旅游安全管理办法》第三十四条："旅行社违反本办法第十一条第二款的规定，未制止履行辅助人的非法、不安全服务行为，或者未更换履行辅助人的，由旅游主管部门给予警告，可并处 2000 元以下罚款；情节严重的，处 2000 元以上 10000 元以下罚款。"

任务二　熟悉《旅馆业治安管理办法》的基本内容

一、立法概述

改革开放以来，我国旅游业特别是旅游住宿业有了很大发展，旅游住宿业治安状况，对旅游业的发展至关重要。为此，我国十分重视旅游住宿业的治安管理。

《旅馆业治安管理办法》于 1987 年 9 月 23 日经国务院批准，1987 年 11 月 10 日由公安部发布，自发布之日起施行；2011 年《旅馆业治安管理办法》部分条款作出修改；2020 年《旅馆业治安管理办法》部分条款予以修改；2022 年，国务院决定对《旅馆业治安管理办法》的部分条款予以修改，自 2022 年 5 月 1 日起施行。

《旅馆业治安管理办法》是我国旅游住宿治安管理的基本行政法规，也是我国旅游住宿业健康发展的一个法制保障。《旅馆业治安管理办法》的实施对于规范旅馆业的经营行为，提升服务质量，确保旅客的人身财产安全具有重要意义。

二、主要内容

《旅馆业治安管理办法》共二十条，其中，安全管理是核心内容，包括了旅馆业的安全责任、安全制度、安全培训等方面的规定。

旅馆业治安管理的具体步骤和流程：首先，旅馆业经营者需要按照法律规定，办理许可和备案手续；在办理许可和备案时，需要提供相关证明文件，如营业执照、消防验收合格证等；同时，还需要提供经营者和从业人员的健康证明等。

在旅馆业的日常经营中，安全管理是至关重要的环节。旅馆业经营者应当建立健全安全管理制度，明确安全责任，制定安全规章制度，并加强安全培训。此外，旅馆业经营者还需要加强对安全设施和器材的维护和管理，确保其正常运行。例如，消防设施的检查和维护，安全监控设备的安装和使用等。

在消防安全方面，旅馆业经营者需要按照法律规定，配备必要的消防器材，并定期进行消防演练。同时，旅馆业经营者还应当保持与当地消防部门的良好沟通，及时了解消防安全的最新要求和技术标准。

为了加强安全防范和监督管理，旅馆业经营者应当配备专业的安全管理人员，加强对从业人员的安全教育和培训。此外，旅馆业经营者还应当建立健全安全监控系统，及时发现和处理安全隐患。同时，旅馆业经营者还应当加强与公安机关合作，共同维护社会治安。

总之，旅馆业经营者应当充分认识到自身的法律责任，加强安全管理，确保旅客的安全和舒适。同时，旅客也应当提高安全意识，遵守旅馆的规章制度，共同维护旅游环境的安全和稳定。

三、案例分析

案情：2022 年 5 月 24 日，兰江派出所民警对某公寓开展日常检查，发现安某在未办理旅馆业《特种行业许可证》的情况下，向客人王某、黄某等多人提供住宿。经调查，安某从 2022 年年初开始经营旅馆业务，最终，安某因无证经营旅馆业务，被公安机关处以治安拘留 2 天的处罚。

案情分析：安某明知无证经营是法律不容许的，但还是抱着侥幸心理，将公寓提供给旅客住宿。

法律依据：根据《旅馆业治安管理办法》第四条规定："申请开办旅馆，应取得市场监管部门核发的营业执照，并向当地公安机关申请特种行业许可证后，方准开业。"第十五条规定："违反本办法第四条规定开办旅馆的，公安机关可以酌情给予警告或者处以 200 元以下罚款；未经登记，私自开业的，公安机关应当协助工商行政管理部门依法处理。"

根据法律规定，任何单位和组织在未获得公安机关许可的情况下，不得擅自经营旅馆。无证经营的旅馆没有相应的安全措施，容易发生危及旅客人身和财产安全的事件，且当旅客的人身、财产安全受到侵害后，往往难以得到追偿。

项目小结

该项目介绍了《旅游安全管理办法》的立法背景、主要内容、主要特点和突出亮点，同时还介绍了《旅馆业治安管理办法》的立法背景、主要内容，并就《旅游安全管理办法》和《旅馆业治安管理办法》涉及的案例进行了分析和点评。

项目十二
酒店涉外事件的处理

学习目标

知识目标

1. 知道外国人和涉外案件的概念；
2. 了解外国人在中国的法律地位；
3. 熟悉外国人入境、出境、居留的相关要求；
4. 掌握处理外国人案件的原则和要求；
5. 掌握酒店对外国人死亡的处理要求。

能力目标

1. 能妥善处理酒店的涉外案件；
2. 能妥善处理外国人在酒店死亡的事宜；
3. 能够根据外国人的出入境等要求办理相关酒店事宜。

素质目标

1. 使学生具备良好的服务意识；
2. 使学生具有较强的法律意识；
3. 使学生具有规范意识；
4. 厚植学生的爱国情怀。

关键概念

外国人　外交特权与豁免　出境　入境　居留　涉外案件

案例导入

外籍男子发病殒命酒店

某天凌晨，宣武区某酒店内一名外籍男子身亡。

事发现场位于某酒店四楼。18日下午1时许，有一个10人的外籍旅游团在酒店内登记入住，“早上6点半该团导游打电话喊客人，发现该客人房间内的电话一直无人接听”。随后导游就通知前台开门，服务人员开门后发现，该名客人脸朝下趴在卫生间的门口，脚还在卫生间内，身上的裤子只提到膝盖处。随后服务员就拨打了急救电话，急救人员赶至现场，检查后发现男子系癫痫病发作身亡。

（资料来源：新京报）

思考：对于这些涉及外国人的案件如何处理呢？

任务一　了解外国人在中国的法律地位

一、外国人及其相关概念

（一）外国人的概念

外国人是指在一国境内但不具有居留国国籍而具有其他国籍的人。关于这一概念，需要注意以下四个问题。

1. 无国籍人

为了便于管理，无国籍的人往往作为外国人对待，享受外国人的待遇。

2. 双重国籍人

如果双重国籍人具有的国籍中有一个是居留国的国籍，居留国一般不把他作为外国人看待。

3. 享有外交和领事特权与豁免的外国人

根据国际法，享有外交和领事特权与豁免的外国人不在一般外国人之列。他们具有特殊的法律地位。

4. 外国法人

从广义上说，外国人除指自然人外，还包括外国法人，如外国的公司、企业等。

此外，《中华人民共和国出境入境管理法》中也界定了外国人的概念，即外国人是指不具有中国国籍的人。

（二）国籍的概念

国籍是指一个人属于某一个国家的国民或公民的法律资格，表明一个人同一个特定国家间的固定的法律关系，是国家行使属人管辖权和外交保护权的法律依据。

目前世界上国籍的取得主要有出生和入籍两种方式。

1. 根据出生取得国籍划分

根据出生取得国籍可分为依血统和依出生地原则。

（1）依血统：不论出生在何地，只要其父母一方为本国人，则子女就获得父母一方或

两方的国籍。这种原则称为血统主义,又称为属人主义。

(2)依出生地:无论父母是哪国人,只要出生在该国的领土内,即自动获得该国国籍,这种原则称为出生地主义,又称为属地主义。

世界上大多数国家采用出生地与血统主义相结合的原则。

2.通过加入取得国籍的方式划分

通过加入取得国籍的方式是根据个人意愿或某种事实,并具备相关条件,才可取得他国国籍。可分为如下几种情况。

(1)婚姻:一国男子和另外一国女子结婚,如果女子愿意申请,则获得男子所属国的国籍,如女子所属国的法律规定,不允许双重国籍,则女子必须放弃本国国籍才可申请男子所属国的国籍。

(2)收养:一国国民收养无国籍或另一国的儿童,被收养者的国籍会发生改变,或者继续保持收养者的原国籍。

(3)自愿申请:又称归化,是指一国国民自愿申请另一国国籍。在入籍条件方面,许多国家都有一定的限制。

二、外国人的法律地位

(一)概述

外国人的法律地位主要涉及他们在境内的合法权益,包括入境、出境和居留期间的权利和义务等方面。在中国,外国人的法律地位受到宪法、法律和行政法规的保护,外国人在中国享有与中国公民同等的法律地位,但在某些方面可能会有一些限制。

例如,在中国,外国人需要遵守中国的法律法规,并且必须遵守中国的公序良俗。如果外国人在中国犯了罪,他们将受到中国刑法的制裁。此外,外国人还需按照中国的规定申请签证、居留证等相关证件,以确保他们在中国合法居留。

出入境方面,根据《中华人民共和国出境入境管理法》规定,下列外国人包括旅游者,不准入境:

(1)未持有效出境入境证件或者拒绝、逃避接受边防检查的;

(2)被处驱逐出境或者被决定遣送出境,未满不准入境规定年限的;

(3)患有严重精神障碍、传染性肺结核病或者有可能对公共卫生造成重大危害的其他传染病的;

(4)可能危害中国国家安全和利益、破坏社会公共秩序或者从事其他违法犯罪活动的;

(5)在申请签证过程中弄虚作假或者不能保障在中国境内期间所需费用的;

(6)入境后可能从事与签证种类不符的活动的;

(7)法律、行政法规规定不准入境的其他情形。

以上入境规定是一国行使主权的表现,是国际法所承认的。国家有驱逐在境内违

反我国法律的已判刑的和未判刑的外国人的权力。

(二)外国人在中国的民事法律地位

通过《中华人民共和国宪法》(以下简称《宪法》)第十八条、第三十二条规定可见,我国对外国人在中国境内实行国民待遇原则,即在中国境内的公民、企业应当遵守中华人民共和国的法律。

《宪法》第十八条规定:"中华人民共和国允许外国的企业和其他经济组织或者个人依照中华人民共和国法律的规定在中国投资,同中国的企业或者其他经济组织进行各种形式的经济合作。在中国境内的外国企业和其他外国经济组织以及中外合资经营的企业,都必须遵守中华人民共和国的法律。它们的合法的权利和利益受中华人民共和国法律的保护。"

《宪法》第三十二条规定:"中华人民共和国保护在中国境内的外国人的合法权利和利益,在中国境内的外国人必须遵守中华人民共和国的法律。"这表明,我国承认外国人在我国应有的法律地位。

《中华人民共和国民事诉讼法》第五条规定:"外国人、无国籍人、外国企业和组织在人民法院起诉、应诉,同中华人民共和国公民、法人和其他组织有同等的诉讼权利义务。"由此可见,这些法律都赋予外国人在我国享有相应的权利,包括财产权、诉讼权等。如果他们的民事权利遭受侵害,也可在我国法院提起民事诉讼。但值得注意的是外国人是不享有我国公民享有的政治权利的。例如,外国人在我国是没有选举权和被选举权的,不能参与我国的政治活动,不能参加我国的党派,也没有服兵役的义务等。

(三)外国人在中国的刑事法律地位

关于外国人在我国的刑事法律地位,我国《刑法》也做了明确规定。凡犯罪的行为或者结果有一项发生在中华人民共和国领域内的,就认为是在中华人民共和国领域内犯罪,皆适用《刑法》。当然,针对享有外交特权和豁免权的外国人,其刑事责任则通过外交途径解决。

知识链接

知识点
测试 12.1
▼

《中华人民共和国刑法》规定:"凡在中华人民共和国领域内犯罪的,除法律有特别规定的以外,都适用本法。犯罪的行为或者结果有一项发生在中华人民共和国领域内的,就认为是在中华人民共和国领域内犯罪。"

《中华人民共和国刑法》第十一条规定:"享有外交特权和豁免权的外国人的刑事责任,通过外交途径解决。"

任务二　了解外国人出入境管理

一、外国人入境管理

为了维护国家主权和安全，各国对外国人入境都制定了严格的签证管理制度，并根据互惠和对等的原则，对办理入境签证提出了不同的要求。

（一）入境相关概念界定

入境，是指由其他国家或者地区进入中国内地，由香港特别行政区、澳门特别行政区进入中国内地，由台湾地区进入中国大陆。

（二）外国人不准入境的情况

关于外国人入境问题，《中华人民共和国出境入境管理法》第二十四条、第二十五条都做出了明确规定。外国人入境，应当向出入境边防检查机关交验本人的护照或者其他国际旅行证件、签证或者其他入境许可证明，履行规定的手续，经查验准许，方可入境。外国人有下列情形之一的，不准入境：

（1）未持有效出境入境证件或者拒绝、逃避接受边防检查的；

（2）具有本法第二十一条第一款第一项至第四项规定情形的；

（3）入境后可能从事与签证种类不符的活动的；

（4）法律、行政法规规定不准入境的其他情形。

对不准入境的，出入境边防检查机关可以不说明理由。

对未被准许入境的外国人，出入境边防检查机关应当责令其返回；对拒不返回的，强制其返回。外国人等待返回期间，不得离开限定的区域。

（三）外国人不予签发签证的情况

旅行社按照国家有关规定组织入境旅游的，可以向口岸签证机关申请办理团体旅游签证。

外国人向口岸签证机关申请办理签证，应当提交本人的护照或者其他国际旅行证件，以及申请事由的相关材料，按照口岸签证机关的要求办理相关手续，并从申请签证的口岸入境。

口岸签证机关签发的签证一次入境有效，签证注明的停留期限不得超过三十日。

根据《中华人民共和国出境入境管理法》第二十一条规定：外国人有下列情形之一的，不予签发签证：

（1）被处驱逐出境或者被决定遣送出境，未满不准入境规定年限的；

(2)患有严重精神障碍、传染性肺结核病或者有可能对公共卫生造成重大危害的其他传染病的;

(3)可能危害中国国家安全和利益、破坏社会公共秩序或者从事其他违法犯罪活动的;

(4)在申请签证过程中弄虚作假或者不能保障在中国境内期间所需费用的;

(5)不能提交签证机关要求提交的相关材料的;

(6)签证机关认为不宜签发签证的其他情形。

对不予签发签证的,签证机关可以不说明理由。

(四)外国人免予签发签证的情况

根据《中华人民共和国出境入境管理法》第二十二条的规定:外国人有下列情形之一的,可以免办签证:

(1)根据中国政府与其他国家政府签订的互免签证协议,属于免办签证人员的;

(2)持有效的外国人居留证件的;

(3)持联程客票搭乘国际航行的航空器、船舶、列车从中国过境前往第三国或者地区,在中国境内停留不超过二十四小时且不离开口岸,或者在国务院批准的特定区域内停留不超过规定时限的;

(4)国务院规定的可以免办签证的其他情形。

(五)外国人临时入境的情况

根据《中华人民共和国出境入境管理法》第二十三条的规定:有下列情形之一的外国人需要临时入境的,应当向出入境边防检查机关申请办理临时入境手续。

(1)外国船员及其随行家属登陆港口所在城市的;

(2)本法第二十二条第三项规定的人员需要离开口岸的;

(3)因不可抗力或者其他紧急原因需要临时入境的。

临时入境的期限不得超过十五日。

对申请办理临时入境手续的外国人,出入境边防检查机关可以要求外国人本人、载运其入境的交通运输工具的负责人或者交通运输工具出境入境业务代理单位提供必要的保证措施。

二、关于外国人的出境管理

(一)出境的相关概念界定

出境,是指由中国内地前往其他国家或者地区,由中国内地前往香港特别行政区、澳门特别行政区,由中国大陆前往台湾地区。

(二)外国人不准出境的情况

关于外国人出境问题,《中华人民共和国出境入境管理法》第二十七条、第二十八

条都做出了明确规定。

外国人出境，应当向出入境边防检查机关交验本人的护照或者其他国际旅行证件等出境入境证件，履行规定的手续，经查验准许，方可出境。外国人有下列情形之一的，不准出境：

(1)被判处刑罚尚未执行完毕或者属于刑事案件被告人、犯罪嫌疑人的，但是按照中国与外国签订的有关协议，移管被判刑人的除外；

(2)有未了结的民事案件，人民法院决定不准出境的；

(3)拖欠劳动者的劳动报酬，经国务院有关部门或者省、自治区、直辖市人民政府决定不准出境的；

(4)法律、行政法规规定不准出境的其他情形。

三、关于外国人的居留管理

(一)申请办理外国人居留证

外国人所持签证注明入境后需要办理居留证件的，应当自入境之日起三十日内，向拟居留地县级以上地方人民政府公安机关出入境管理机构申请办理外国人居留证件。

符合国家规定的专门人才、投资者或者出于人道等原因确需由停留变更为居留的外国人，经设区的市级以上地方人民政府公安机关出入境管理机构批准可以办理外国人居留证件。

申请办理外国人居留证件，应当提交本人的护照或者其他国际旅行证件，以及申请事由的相关材料，并留存指纹等人体生物识别信息。公安机关出入境管理机构应当自收到申请材料之日起十五日内进行审查并作出审查决定，根据居留事由签发相应类别和期限的外国人居留证件。

外国人工作类居留证件的有效期最短为九十日，最长为五年；非工作类居留证件的有效期最短为一百八十日，最长为五年。

在中国境内居留的外国人申请延长居留期限的，应当在居留证件有效期限届满三十日前向居留地县级以上地方人民政府公安机关出入境管理机构提出申请，按照要求提交申请事由的相关材料。经审查，延期理由合理、充分的，准予延长居留期限；不予延长居留期限的，应当按期离境。

(二)不予签发外国居留证件的情况

外国人居留证件的登记项目包括：持有人姓名、性别、出生日期、居留事由、居留期限，签发日期、地点，护照或者其他国际旅行证件号码等。

我国相关法律规定，外国人有下列情形之一的，不予签发外国人居留证件：

(1)所持签证类别属于不应办理外国人居留证件的；

(2)在申请过程中弄虚作假的；

(3)不能按照规定提供相关证明材料的；

(4)违反中国有关法律、行政法规,不适合在中国境内居留的;

(5)签发机关认为不宜签发外国人居留证件的其他情形。

(三)外国人居留期间的管理

外国人居留证件登记事项发生变更的,持证件人应当自登记事项发生变更之日起十日内向居留地县级以上地方人民政府公安机关出入境管理机构申请办理变更。

外国人在中国境内停留居留,不得从事与停留居留事由不相符的活动,并应当在规定的停留居留期限届满前离境。

外国人在中国境内旅馆住宿的,旅馆应当按照旅馆业治安管理的有关规定为其办理住宿登记,并向所在地公安机关报送外国人住宿登记信息。

外国人在旅馆以外的其他住所居住或者住宿的,应当在入住后二十四小时内由本人或者留宿人,向居住地的公安机关办理登记。

外国人在中国境内工作,应当按照规定取得工作许可和工作类居留证件。任何单位和个人不得聘用未取得工作许可和工作类居留证件的外国人。外国人在中国境内工作管理办法由国务院规定。

根据维护国家安全、公共安全的需要,公安机关、国家安全机关可以限制外国人、外国机构在某些地区设立居住或者办公场所;对已经设立的,可以限期迁离。未经批准,外国人不得进入限制外国人进入的区域。

聘用外国人工作或者招收外国留学生的单位,应当按照规定向所在地公安机关报告有关信息。

公民、法人或者其他组织发现外国人有非法入境、非法居留、非法就业情形的,应当及时向所在地公安机关报告。

(四)外国人永久居留的管理

对中国经济社会发展作出突出贡献或者符合其他在中国境内永久居留条件的外国人,经本人申请和公安部批准,可取得永久居留资格。外国人在中国境内永久居留的审批管理办法由公安部、外交部会同国务院有关部门规定。

取得永久居留资格的外国人,凭永久居留证件在中国境内居留和工作,凭本人的护照和永久居留证件出境入境。

但根据《中华人民共和国出境入境管理法》第四十九条规定:外国人有下列情形之一的,由公安部决定取消其在中国境内永久居留资格。

(1)对中国国家安全和利益造成危害的;

(2)被处驱逐出境的;

(3)弄虚作假骗取在中国境内永久居留资格的;

(4)在中国境内居留未达到规定时限的;

(5)不适宜在中国境内永久居留的其他情形。

四、外交特权与豁免

外交特权是指一国为了保障和方便驻在本国的外国外交代表、外交机构或外交人员执行职务而给予的特殊权利。这些特殊权利通常包括免于逮捕、免于物品检查、豁免税费等。《中华人民共和国刑法》第六条规定:"凡在中华人民共和国领域内犯罪的,除法律有特别规定的以外,都适用于本法。"《中华人民共和国治安管理处罚法》第四条规定:"在中华人民共和国领域内发生的违反治安管理行为,除法律有特别规定的以外,适用于本法。""除法律有特别规定的以外",其中包括了国际惯例和有关国际条约,享有外交特权与豁免的人员。

(一)外交特权和豁免的主要内容

(1)人身、住所、办公处和公文档案不受侵犯。

(2)使用密码通信和派遣外交信使。

(3)使用国旗、国徽。

(4)不受驻在国刑事管辖,一般也不受其民事、行政管辖。

(5)免纳关税和捐税,免除一切役务。

(二)享有外交特权和豁免的人员

(1)外国的国家元首(如总统、国家主席、国王、皇帝等)、政府首脑(如首相、总理、部长会议主席等)以及外交部部长。

(2)驻我国使馆的外交代表(如大使、公使、代办)、使馆的其他外交人员(参赞、一等、二等、三等秘书和随员)以及陆、海、空军武官,包括他们的配偶和未成年子女。

(3)使馆的行政和技术人员以及在执行职务的外交使差等。

(4)各国派来我国参加会议的代表、各国政府派来我国的高级官员、依照国际公约应享受外交特权与豁免的人员等。

享有外交特权和豁免的外国人要做到:①应当尊重中国的法律、法规;②不得干涉中国的内政;③不得在中国境内为私人利益从事任何职业或者商业活动;④不得将使馆馆舍和使馆工作人员寓所充作与使馆职务不相符合的用途。

知识点测试12.2

任务三　知道涉外案件处理的规定要求

一、涉外案件的界定

外交部、最高人民法院、最高人民检察院、公安部、安全部、司法部六部于1995年6

月20日联合发布了《关于处理涉外案件若干问题的规定》，本规定中对涉外案件做了概念界定。

涉外案件是指在我国境内发生的涉及外国、外国人（自然人及法人）的刑事、民事经济、行政、治安等案件及死亡事件。

二、涉外案件处理原则

（1）处理涉外案件，必须维护我国主权和利益，维护我国国家、法人、公民及外国国家、法人、公民在华合法权益，严格依照我国法律、法规，做到事实清楚，证据确凿。适用法律正确，法律手续完备。

（2）处理涉外案件，在对等互惠原则的基础上，严格履行我国所承担的国际条约义务。当国内法或者我内部规定同我国所承担的国际条约义务发生冲突时，应当适用国际条约的有关规定（我国声明保留的条款除外）。各主管部门不应当以国内法或者内部规定为由拒绝履行我国所承担的国际条约规定的义务。

（3）处理涉外案件，必须依照有关规定和分工，密切配合，互相协调，严格执行请示报告，征求意见和通报情况等制度。

（4）对应当通知外国驻华使、领馆的涉外案件，必须按规定和分工及时通知。

（5）与我国无外交关系的，按对等互惠原则办理。

三、涉外案件的内部通报

（1）遇有下列情况之一，公安机关、国家安全机关、人民检察院、人民法院，以及其他主管机关应当将有关案情、处理情况，以及对外表态口径于受理案件或采取措施的四十八小时内报上一级主管机关，同时通报同级人民政府外事办公室。

①对外国人实行行政拘留、刑事拘留、司法拘留、拘留审查、逮捕、监视居住、取保候审、扣留护照、限期出境、驱逐出境的案件；

②外国船舶因在我国内水或领海损毁或搁浅，发生海上交通、污染等事故，走私及其他违法或违反国际公约的行为，被我主管部门扣留或采取其他强制措施的案件；

③外国渔船在我管辖水域违法捕捞，发生碰撞或海事纠纷，被我授权执法部门扣留的案件；

④外国船舶因经济纠纷被我法院扣留、拍卖的案件；

⑤外国人在华死亡事件或案件；

⑥涉及外国人在华民事和经济纠纷的案件；

⑦其他认为应当通报的案件。

同级人民政府外事办公室在接到通报后应当立即报外交部。案件了结后，也应当尽快向外交部通报结果。

（2）重大涉外案件，或外国政府已向我驻外使、领馆提出交涉或已引起国内外新闻界关注的涉外案件，在案件受理、办理、审理过程中，以及在判决公布前，中央一级主管

部门经商外交部后,应当单位或者会同外交部联名将案件进展情况、对外表态口径等及时通报我驻外使、领馆,并答复有关文电。

四、关于通知外国驻我国使、领馆的问题

凡与我国订有双边领事条约的,按条约的规定办理;未与我国签订双边领事条约,但参加《维也纳领事关系公约》的,按照《维也纳领事关系公约》的规定办理;未与我国签订领事条约,也未参加《维也纳领事关系公约》,但与我国有外交关系,可按互惠和对等原则,根据有关规定和国际惯例办理。

(一)通知对象

在外国驻华领事馆领事区内发生的涉外案件,应通知有关国驻该地区的领事馆。在外国领事馆领区外发生的涉外案件应通知有关外国驻华大使馆。与我国有外交关系,但未设使、领馆的国家,可通知其代管国家驻华使、领馆。无代管国家或代管国家不明的,可不通知。当事人本人要求不通知的,可不通知,但应当由其本人提出书面要求。

(二)通知内容

通知的内容包括外国人的外文姓名、性别、入境时间、护照或证件号码,案件发生的时间、地点及有关情况,当事人违章违法犯罪的主要事实,已采取的法律措施及法律依据,各有关主管部门可根据需要制定固定的通知格式。

(三)通知时限

如有双边领事条约明确规定期限的(四天或七天),应当在条约规定的期限内通知,如果无双边领事条约规定,也应当根据或者参照《维也纳领事关系公约》和国际惯例尽快通知,不应当超过七天。

(四)通知机关

(1)公安机关、国家安全机关对外国人依法作出行政拘留、刑事拘留、拘留审查、监视居住、取保候审的决定的,由有关省、自治区、直辖市公安厅(局)、国家安全厅(局)通知有关外国驻华使、领馆。

公安机关、国家安全机关对外国人执行逮捕的,由有关省、自治区、直辖市公安厅(局)、国家安全厅(局)通知有关外国驻华使、领馆。

人民法院对外国人依法作出司法拘留、监视居住、取保候审决定的,人民检察院依法对外国人作出监视居住,取保候审决定的,由有关省、自治区、直辖市高级人民法院、人民检察院通知有关外国驻华使、领馆。

依照本规定应予通报并决定开庭审理的涉外案件,人民法院在一审开庭日期确定后,应立即报告高级人民法院,由高级人民法院在开庭 7 日以前,将开庭审理日期通知有关外国驻华使、领馆。

(2)外国船舶因在我国内水或领海损毁、搁浅或发生重大海上交通、污染等事故，各港务监督局应立即报告中华人民共和国港务监督局，由该局通知有关外国驻华使馆。

(3)外国船舶在我国内水或领海走私或有其他违法行为，被我海关、公安机关扣留，有关海关、公安机关应当立即逐级上报海关总署和公安部，由所在省、自治区、直辖市海关或者公安厅(局)通知有关外国驻华使、领馆。

(4)外国渔船在我管辖水域违法捕捞，被我授权执法部门扣留，由公安边防部门监护，渔政渔港监督管理部门处理。有关情况应立即上报国家渔政渔港监督管理局，由该局通知有关外国驻华使馆。

(5)外国船舶因经济纠纷被我海事法院扣留、拍卖的，由海事法院通知有关外国驻华使、领馆。如船籍国与我有外交关系，不论是否订有双边领事条约，均应通知。

(6)外国人在华正常死亡，由接待或者聘用单位通知有关外国驻华使、领馆。如死者在华无接待或者聘用单位，由有关省、自治区、直辖市公安厅(局)通知。

外国人在华非正常死亡，由有关省、自治区、直辖市公安厅(局)通知有关外国驻华使、领馆；在羁押期间或者案件审理中死亡，分别由受理案件的省、自治区、直辖市公安厅(局)、国家安全厅(局)、人民检察院或者高级人民法院通知；在监狱服刑期间死亡的，由省、自治区、直辖市司法厅(局)通知。

外国人在灾难性事故(包括陆上交通事故，空、海难事故)中死亡的，由当事部门通知有关外国驻华使、领馆。省、自治区、直辖市外事办公室予以协助。

(7)在对无有效证件证实死者或者被取保候审、监视居住、拘留审查、拘留、逮捕的人犯的国籍，或者其主要证件存在明显伪造、变造疑点的情况下，我主管机关可以通过查询的方式通告有关外国驻华使、领馆。

外国边民在我国边境地区死亡或者被取保候审、监视居住、拘留审查、拘留、逮捕的，按双边条约规定办理。如无双边条约规定的，也可考虑通过边防会晤的方式通知有关国家。

五、涉外案件旁听

外国驻华使、领馆官员要求旁听涉外案件的公开审理，应向各省、自治区、直辖市高级人民法院提出申请，有关法院应予安排。旁听者应遵守人民法院的法庭规则。

对于依法不公开审理的涉外案件，外国驻华使、领馆官员要求旁听的，如有关国家与我国已签订的领事条约中明确承担有关义务的，应履行义务；未明确承担有关义务的，应根据我国法律规定，由主管部门商同级外事部门解决。

六、涉外案件新闻报道

根据《关于处理涉外案件若干问题的规定》，主管部门就重大涉外案件发布新闻或者新闻单位对于上述案件进行报道，要从严掌握，应当事先报请省级主管机关审核，征

求外事部门的意见。对危害国家安全的涉外案件的新闻报道，由主管部门商外交部后定。对于应通知外国驻华使、领馆的案件，应当在按规定通知有关外国驻华使、领馆后，再公开报道。

七、涉外案件司法协助

对与我国订有双边司法协助协定、条约或者我国与其共同参加载有司法协助条款的公约的国家，我国中央机关和各主管部门应按照协定、条约或者公约的有关规定办理。未签订上述协定或条约、也未共同参加上述公约的，在对等互惠的基础上通过外交途径解决。

八、关于扣留护照的规定

除我国公安机关、国家安全机关、司法机关以及法律明确授权的机关外，其他任何单位或者个人都无权扣留外国人护照，也不得以任何方式限制外国人的人身自由；公安机关、国家安全机关、司法机关以及法律明确授权的机关扣留外国人护照，必须按照规定的权限报批，履行必要的手续，发给本人扣留护照的证明，并把有关情况及时上报上级主管部门，通报同级人民政府外事办公室，有关外事办公室应当及时报告外交部。

知识链接

《中华人民共和国刑事诉讼法》规定："人民法院、人民检察院和公安机关可以根据案件情况，责令被取保候审的犯罪嫌疑人、被告人将护照等出入境证件、驾驶证件交执行机关保存。如果人民法院在作出取保候审决定时责令被告人向执行机关交存护照，那么作为执行机关的缉私局是有权扣押被取保候审人员的护照的。"

《中华人民共和国护照法》第十五条规定："人民法院、人民检察院、公安机关、国家安全机关、行政监察机关因办理案件需要，可以依法扣押案件当事人的护照。案件当事人拒不交出护照的，前款规定的国家机关可以提请护照签发机关宣布案件当事人的护照作废。"

九、对外国人违反治安管理案件的处理

《中华人民共和国治安管理处罚法》第四条规定，在中华人民共和国领域内发生的违反治安管理行为，除法律有特别规定的外，适用本法。对违反我国治安管理的外国人，可以附加适用限期出境或者驱逐出境。

(一)正确对待外国人违反治安管理的案件

对享有外交特权和豁免的外国人违反治安管理的，要通过外交途径处理。对不享

有外交特权和豁免的外国人违反治安管理的，由公安机关按照《中华人民共和国治安管理处罚条例》进行处理。

考虑到这类案件可能引起的反响，在处理时应当谨慎从事，做到事实清楚，证据确实，适用法律恰当。

(二)外国人违反治安管理的案件处理方法

发生外国人违反治安管理的案件，应当依照法律规定和办案程序，认真做好查处工作。应注意以下三点。

第一，要及时。主管部门接到报告，要及时派人赶赴现场，查清当事人的国籍、姓名(中、外文)和身份，开展调查询问，搞清事实，分清责任，依法处理。对聚众斗殴等重大案件，领导要及时到现场指挥，果断处置，必要时可将当事人隔离，防止无关人员混入现场内外串连，扩大事态。对重大事件、案件要及时向上级报告，并通报外事部门。

第二，要取证。查处外国人违反治安管理的案件尤其要注意取证。有条件的应当对案件现场拍照、录音录像；从获取物证到当事人和旁证人写的材料及谈话笔录，都要有根据，一丝不苟。证据要准备公布，要经得起检验。

第三，要依法。定性裁决处罚要准确，要有法律依据。法律手续要完备，法律文书要合乎规范。被处罚的人不服提出申诉的，上一级公安机关要认真复核。对当事人向人民法院提起诉讼的案件，要及时作好应诉的各项准备工作。

对外国人实行拘留处罚后，按照《维也纳领事关系公约》和我国与一些国家签订的领事条约，应当通知有关国家驻华使、领馆。设有外国驻华使、领馆的地区或在其领馆领辖区的，由省、自治区、直辖市公安厅、局直接通知，其他地区可报公安部治安局通知其驻华使馆领事部。

(三)处理外国人违反治安管理的案件的分工和审批权限

对外国人违反治安管理案件的查处由治安部门归口管理，外国人管理部门配合。由于历史原因和条件限制，目前仍由外国人管理部门主管这项工作，可以根据实际情况，逐步实行治安部门主管。

对外国人违反治安管理的行为属于一般小事、情节轻微的，可由当地派出所或在现场的民警进行处理。决定给予处罚的，由县、市公安局、公安分局或者相当于县一级的公安机关裁决；给予拘留处罚的，由地、市公安处、局审批，并报省、自治区、直辖市公安厅、局向公安部备案。

外国人违反交通规则的处罚，按照国务院将批准的交通违章的处罚规定处理。

对于外国人在一些单位内部的不属于违反治安管理而属于校规校纪等方面的问题，应当由所在单位自行解决，民警不要出面处理。

十、对外国人违法的处理

根据属地管辖权的原则，凡是在我国领域内犯罪的任何人，都适用我国的刑法。

2015 年 11 月 1 日实施的《中华人民共和国刑法》修正案第六条第一款“属地管辖权”规定:“凡在中华人民共和国领域内犯罪的,除法律有特别规定的以外,都适用本法”,“犯罪的行为或者结果有一项发生在中华人民共和国领域内的,就认为是在中华人民共和国领域内犯罪。”

根据领土原则,凡是在中国领域内犯罪的,都适用我国刑法。以下的三种情况都认为是在我国领域内犯罪:

(1)犯罪的行为和结果都发生在我国领域内的。例如,2004 年 5 月 18 日我公安部门在上海破获了一起由哥伦比亚、墨西哥、智利、秘鲁等国 25 名犯罪分子组成的团伙。该团伙连续在我国酒店和其他场所作案,其中在上海世贸商城内盗窃了价值 69 万美元的钻石。2004 年 6 月 25 日,上海市人民检察院和上海市公安局联合宣布,将 25 名南美籍犯罪嫌疑人批准逮捕。

(2)犯罪行为发生在我国领域以外,而结果发生在我国领域以内的。

(3)犯罪行为发生在我国领域内,而结果发生在领域之外的。例如,犯罪分子从我国邮往国外装有爆炸物的邮件,在国外发生了爆炸事件的结果。

知识点
测试 12.3

任务四 知道酒店对外国人死亡的处理要求

一、外国人死亡的界定

外国人死亡,是指具有外国国籍或无国籍的客人在我国境内酒店因病死亡、意外事件死亡、他杀或其他原因不明的死亡。

死亡分正常死亡和非正常死亡。因健康原因自然死亡的,谓正常死亡;因意外事故或突发事件死亡的,谓非正常死亡。

二、通知外国驻华使、领馆及死者家属

酒店内发生外国客人在酒店内死亡的事件,在初步查明客人死亡的地点、时间、原因、身份、国籍、房号等情况后,立即保护好现场。若人员尚未死亡,应立即送医院抢救。酒店派负责人与大堂经理和医务人员同往,同时要求客人的亲属/同行/领队一同前往。对已死亡的外国客人(根据医务人员诊断结果确认),酒店要保护好现场,封锁现场区域,查清并详细记录其姓名、性别、年龄、国籍、常住地址、身份,死亡日期、时间、地点、原因、医生初步诊断情况、目击者、先期处理情况等。并报告其接待单位或聘用单位。

根据《维也纳领事关系公约》或双边领事条约的规定,以及国际惯例,外国人在华死亡后应尽快通知死者家属及其所属国家驻华使、领馆。

（一）正常死亡

外国人在华正常死亡，在通报公安机关和地方外办后，由接待或聘用单位负责通知；如死者在华无接待或聘用单位，由有关省、自治区、直辖市公安厅（局）负责通知。

（二）非正常死亡

凡属非正常死亡的，由案件查处机关负责通知，在案件审理中死亡的，由案件审理机关负责通知，在监狱服刑过程中死亡的，由司法行政机关负责通知。

（三）通知时限

如死者所属国家已同我国签订领事条约，应按条约规定办；如条约中没有规定，或无双边领事条约，应按《维也纳领事关系公约》的规定和国际惯例尽快通知，但不应超过7天。

通知内容应简单明了。如死因不明，需要调查后方能确定的，可先通知死亡事，同时告死因正在调查中。

（四）尸体解剖

正常死亡者或死因明确的非正常死亡者，一般不需作尸体解剖。若死者家属或其所属国家驻华使、领馆要求解剖，方可同意，但必须有死者家属或其所属国家驻华使、领馆有关官员签字的书面要求。

（五）出具证明

（1）正常死亡，由县级或县级以上医院出具“死亡证明书”。如死者生前曾住医院治疗或抢救，应其家属要求，医院可提供“诊断书”或“病历摘要”。

（2）非正常死亡，由公安机关的法医出具“死亡鉴定书”。案件审理中正常死亡，由案件审理机关的法医出具“死亡鉴定书”。在监狱服刑中死亡，由司法行政机关的法医出具“死亡鉴定书”。如案件审理机关或司法行政机关没有法医，可由公安机关代为出具。

“死亡证明书”或“死亡鉴定书”交死者家属或死者所属国家驻华使、领馆。对外公布死因要慎重。如死因尚不明确，或有其他致死原因，待查清或内部意见统一后，再向外公布和提供证明。

（六）对尸体的处理

在华死亡的外国人尸体，可在当地火化，亦可运回其国家。处理时，应尊重死者家属或所属国家驻华使、领馆的意愿。

尸体火化应由死者家属或所属国家驻华使、领馆提出书面要求并签字，由当地殡仪馆负责火化，骨灰由外方带回或运回其国内。如外方不愿火化，可将尸体运回其国家。运输（尸体及骨灰）手续和费用原则上均由外方自理。接待或聘用单位可在办理手续等

Note

方面给予必要的协助。

为做好外方工作和从礼节上考虑，对受聘或有接待单位的死者，在尸体火化或运回其国内前，可由聘用或接待单位酌情为死者举行简单的追悼仪式。有关单位可送花圈。可将追悼仪式拍照送死者家属。

(七)骨灰和尸体运输出境

(1)骨灰运输：托运人必须提供医院出具的“死亡证明书”或法医出具的“死亡鉴定书”，及殡葬部门出具的“火化证明书”。各证明书一式二份，一份留始发站，一份附在货运单后，随骨灰盒带往目的站。骨灰应装在封妥的罐内或盒内，外面用木箱套装。骨灰自带出境，亦需备妥上述证明。

(2)尸体运输：可由中国国际运尸网络服务中心办理，也可由其他适当途径办理。尸体、棺柩出境须备以下证明：①由医院或公安、司法机关出具的“死亡证明书”或者“死亡鉴定书”，亦可由有关涉外公证处出具的“死亡公证书”代替上述证明书；②由殡仪部门出具的“防腐证明书”；③由防疫部门出具的“尸体检疫证明书”；④海关凭检疫机关出具的“尸体、棺柩出境许可证明书”放行。

(八)遗物的清点和处理

清点死者遗物应有死者家属或其所属国家驻华使、领馆官员和我方人员在场。如家属或者驻华使、领馆官员明确表示不能到场时，可请公证处人员到场，并由公证员将上述人员不能到场的事实和原因注明。遗物清点必须造册，列出清单，清点人均应签字。移交遗物要开出移交书，一式二份，注明移交时间、地点、在场人、物品件数、种类和特征等。签字后办理公证手续。如死者有遗嘱，应将遗嘱拍照或复制，原件交死者家属或其所属国家驻华使、领馆。

(九)出具《死亡善后处理情况报告》

死者善后事宜处理结束后，由接待单位(酒店)或聘用单位出具《死亡善后处理情况报告》。无接待或聘用单位的，由处理死者善后事宜的公安机关或司法机关出具。《死亡善后处理情况报告》，内容应包括死亡原因、抢救措施、诊断结果、善后处理情况，以及外方反应等。上述死亡报告应报上级主管单位、地方外办、公安厅(局)，抄外交部。

知识链接

维也纳领事关系公约有关条款

(1963 年 4 月 24 日订于维也纳)

第三十六条　与派遣国国民通讯及联络

一、为便于领馆执行其对派遣国国民之职务计：

(一)领事官员得自由与派遣国国民通讯及会见。派遣国国民与派遣国领事官

员通讯及会见应有同样自由。

(二)遇有领馆辖区内有派遣国国民受逮捕或监禁或羁押候审、或受任何其他方式之拘禁之情事，经其本人请求时，接受国主管当局应迅即通知派遣国领馆。受逮捕、监禁、羁押或拘禁之人致领馆之信件亦应由该当局迅予递交。该当局应将本款规定之权利迅即告知当事人。

(三)领事官员有权探访受监禁、羁押或拘禁之派遣国国民，与之交谈或通讯，并代聘其法律代表。领事官员并有权探访其辖区内依判决而受监禁、羁押或拘禁之派遣国国民。但如受监禁、羁押或拘禁之国民明示反对为其采取行动时，领事官员应避免采取此种行动。

二、本条第一项所称各项权利应遵照接受国法律规章行使之，但此项法规规章务须使本条所规定之权利之目的得以充分实现。

第三十七条 关于死亡、监护或托管及船舶毁损与航空事故之通知

倘接受国主管当局获有有关情节，该当局负有义务：

(一)遇有派遣国国民死亡时，迅即通知辖区所及之领馆；

(二)遇有为隶籍派遣国之未成年人或其他无充分行为能力人之利益计，似宜指定监护人或托管人时，迅将此项情事通知主管领馆。唯此项通知不得妨碍接受国关于指派此等人员之法律规章之施行。

(三)遇具有派遣国国籍之船舶在接受国领海或内河水域毁损或搁浅时，或遇在派遣国登记之航空机在接受国领域内发生意外事故时，迅即通知最接近出事地点之领馆。

知识点
测试 12.4

项目小结

该项目介绍了外国人、国籍等概念及外国人在中国的法律地位，并陈述了关于外国人出入境、居留的相关要求，及外交特权与豁免的情况，同时详细解析了我国关于涉外案件处理的规定要求，包括处理原则、内部通报、新闻报道、违反治安管理案件、违法案件等，并对外国人死亡的处理要求做了陈述。

项目十三
酒店其他相关法律制度

学习目标

知识目标

1. 了解《价格法》的基本内容；
2. 掌握经营者价格行为的主要内容；
3. 理解政府价格调控行为的内容；
4. 掌握酒店行业价格行为规则的主要内容；
5. 掌握酒店侵权责任及赔偿制度；
6. 掌握违反治安、安全、反恐等有关规定的责任。

能力目标

能妥善处理酒店纠纷。

素质目标

1. 培养学生良好的服务意识；
2. 培养学生交流沟通能力；
3. 培养学生法律意识。

关键概念

价格形成　价格监管　价格歧视　价格垄断　价格操纵　酒店侵权　酒店纠纷

案例导入

某酒店位于热门旅游目的地，旅游旺季期间，该地区的酒店需求量增加，但供应减少，导致酒店房价飙升。一位客人在预订酒店房间时发现，该酒店的房价较之前大幅提高，而且食品和饮料等服务价格也大幅上涨，一些客人对此感到不满，认为酒店涉嫌价格欺诈。

思考：1. 酒店的做法是否违反了价格法律制度？
2. 客人应该如何维护自己的权益？

任务一　酒店相关财税法律制度

一、《价格法》的基本内容

《中华人民共和国价格法》（以下简称《价格法》）是规范市场价格行为的法律规范。价格是市场经济中商品和服务交换的价值表现，《价格法》的基本内容主要包括价格形成、价格监管和价格违法行为的处理等方面。下面将详细介绍《价格法》的基本内容。

（一）价格形成

价格形成是指市场上商品和服务价格的形成过程。《价格法》对价格形成进行了一系列的规定，主要包括以下几个方面。

1. 市场供求关系

价格的形成受到市场供求关系的影响。《价格法》规定了市场供求关系的基本原则，如供需平衡、市场竞争等。

2. 价格自由

《价格法》保护价格的自由形成，禁止价格垄断和价格操纵行为，保障市场竞争的公平和自由。

3. 定价机制

《价格法》规定了一些特定行业和领域的价格定价机制，如公用事业价格、自然垄断行业价格等。

4. 价格歧视

《价格法》禁止价格歧视行为，保障消费者的平等权益。

（二）价格监管

价格监管是指对市场价格行为进行监督和管理。《价格法》对价格监管进行了一系列的规定，主要包括以下几个方面。

1. 价格行为监督

《价格法》规定了价格行为监督的机构和职责，如价格监督管理部门和价格监督管理人员等。

2. 价格违法行为的查处

《价格法》规定了一系列价格违法行为，如价格欺诈、价格垄断、价格操纵等，对价格违法行为进行查处和处罚。

3. 价格政策和措施

《价格法》规定了价格政策和措施，如价格干预、价格调控等，对市场价格进行引导和管理。

4. 价格信息公开

《价格法》规定了价格信息公开的要求，保障消费者获取真实、准确的价格信息。

（三）价格违法行为的处理

价格违法行为是指违反《价格法》规定的行为。《价格法》对价格违法行为进行了一系列的处理措施，主要包括以下几个方面。

1. 行政处罚

《价格法》规定了价格违法行为的行政处罚措施，如罚款、没收违法所得等。

2. 民事责任

《价格法》规定了价格违法行为的民事责任，如赔偿损失、承担违约责任等。

3. 刑事责任

《价格法》规定了价格违法行为的刑事责任，如价格欺诈、价格垄断等严重违法行为将构成犯罪。

4. 价格违法行为的处理程序

《价格法》规定了价格违法行为的处理程序，包括立案、调查取证、听证、处罚决定等。

以上是《价格法》的基本内容，《价格法》的实施对于维护市场经济的秩序、保护消费者权益、促进经济发展具有重要意义。当事人在市场交易过程中应当遵守《价格法》的规定，不得从事价格违法行为，以免承担相应的法律责任。

二、经营者价格行为的主要内容

经营者价格行为是指企业在市场经济中制定和调整商品和服务价格的行为。经营者价格行为的主要内容包括以下几个方面。

（一）价格形成机制

1. 市场供求关系

价格形成受到市场供求关系的影响。经营者需要通过市场调研和分析，了解市场供求关系，确定商品和服务的价格。

2. 成本和利润率考虑

经营者在制定价格时需要考虑生产成本和利润率。成本包括原材料成本、生产成本、销售成本等，利润率则是企业获得合理回报的重要指标。

3. 竞争环境

经营者需要考虑市场竞争环境，确定合适的价格策略。如果市场竞争激烈，经营者可能会采取低价策略来争夺市场份额；如果市场垄断程度高，经营者可能会制定高价策略来获取高额利润。

(二)价格调整

1. 市场变动

经营者需要根据市场变动情况,及时调整商品和服务的价格。例如,原材料价格上涨、人工成本增加等因素都可能导致价格调整。

2. 政府干预

政府有时会对某些商品和服务的价格进行干预,经营者需要根据政府的指导和要求,调整价格。

3. 促销活动

经营者可以通过促销活动来调整价格,如打折、满减、赠品等,以吸引消费者购买。

(三)价格歧视

价格歧视是指经营者对不同的消费者或市场采取不同的价格策略。主要表现如下。

1. 区域价格歧视

经营者根据不同地区的市场需求、消费能力等因素,制定不同的价格策略。

2. 个体价格歧视

经营者根据不同消费者的需求、购买能力等因素,制定不同的价格策略。

3. 时间价格歧视

经营者根据不同时间段的市场需求、销售情况等因素,制定不同的价格策略。

(四)价格欺诈

价格欺诈是指经营者在商品和服务价格方面进行虚假宣传、误导消费者等行为。主要表现如下。

1. 虚假标价

经营者故意标价虚高或虚低,以达到误导消费者的目的。

2. 虚假促销

经营者通过虚假宣传、夸大销售等手段,误导消费者购买。

3. 隐瞒价格信息

经营者故意隐瞒商品和服务的价格信息,以达到欺诈消费者的目的。

(五)价格垄断和价格操纵

价格垄断是指经营者通过控制市场份额、限制竞争等手段,操纵市场价格。价格操纵是指经营者通过协议、合谋等手段,人为操纵市场价格。价格垄断和价格操纵都是违反市场竞争原则的行为,会对市场经济秩序造成不良影响。

经营者在制定和调整价格时,应遵守市场规则和法律法规,保护消费者权益,维护市场经济的正常秩序。

三、政府价格调控行为的内容

政府价格调控是指政府通过制定、调整和执行价格政策,对市场价格进行干预和管

理的行为。其目的是保护消费者权益，维护市场秩序，促进经济发展和社会稳定。政府价格调控的内容包括以下几个方面：

1. 价格监测与调查

政府对市场价格进行监测和调查，了解市场价格的变动趋势、价格水平、价格波动等情况。通过价格监测和调查，政府可以及时掌握市场价格的信息，为制定价格政策提供依据。

2. 价格政策制定

政府根据市场需求、供求关系、成本和利润等因素，制定价格政策。价格政策可以包括价格上限、价格下限、价格干预、价格补贴等措施，以引导市场价格的合理波动和调整。

3. 价格监管与执法

政府对市场价格进行监管和执法，确保市场价格的公平、合理和透明。政府可以建立价格监管机构，负责监督和检查市场价格的行为，对价格违法行为进行处罚和打击。

4. 价格调整与干预

政府根据市场情况和经济发展需要，对特定商品和服务的价格进行调整和干预。例如，政府可以通过控制价格上涨幅度、限制价格下降幅度等方式，调整和干预市场价格的波动。

5. 价格信息公示与发布

政府可以通过建立价格信息公示平台，公布市场价格的信息，提供消费者和经营者参考。政府还可以发布价格预警信息，提醒市场主体关注价格变动情况，采取相应的应对措施。

6. 价格补贴与奖励

政府可以对特定商品和服务给予价格补贴和奖励，以促进相关产业的发展和市场价格的稳定。价格补贴可以通过直接给予补贴资金、减免税费等方式实施，奖励可以通过给予政府采购优惠、贷款优惠等方式实施。

7. 价格公平与公正

政府通过制定和执行反垄断法律法规，打击价格垄断和价格操纵行为，维护市场价格的公平和公正。政府还可以通过建立价格仲裁机构，解决价格纠纷，保护消费者和经营者的合法权益。

政府价格调控是市场经济中的一项重要政策工具，对于维护市场秩序，保护消费者权益，促进经济发展和社会稳定具有重要意义。政府需要根据市场情况和经济发展需要，科学制定和调整价格政策，加强价格监管和执法，提高价格调控的有效性和可操作性。

四、酒店行业价格行为规则的主要内容

酒店行业作为服务行业的一种，价格行为规则对于酒店经营者和消费者都具有重要意义。以下是酒店行业价格行为规则的主要内容：

1. 价格公示和透明度

酒店经营者应当将客房价格以明码标价的方式公示，确保价格的透明度。价格公

示应当包括客房基本价格、附加费用、优惠政策等内容，以便消费者能够清晰了解价格构成和支付方式。

2. 价格歧视的禁止

酒店经营者不得对不同消费者或不同群体实施价格歧视。即相同的房间类型和服务，应当给予不同消费者相同的价格。价格歧视包括对不同国籍、性别、年龄、职业等因素的差别对待。

3. 价格虚假宣传的禁止

酒店经营者不得以虚假宣传的方式误导消费者，如虚报客房价格、虚构优惠政策等。价格宣传应当真实准确，消费者应当能够根据宣传信息准确了解价格情况。

4. 价格优惠和促销活动的合规性

酒店经营者在进行价格优惠和促销活动时，应当遵守相关法律法规和行业规定，确保活动的合规性。价格优惠和促销活动应当有明确的时间、范围和方式，并不得损害消费者权益。

5. 价格调整的合理性和公平性

酒店经营者在进行价格调整时，应当有合理的依据，如成本变动、市场供求变化等。价格调整应当公平合理，不得滥用市场支配地位，不得损害消费者权益。

6. 价格交易的公平和透明

酒店经营者应当建立公平、透明的价格交易机制，确保价格交易的公正性。价格交易应当遵循合同自由原则，双方自愿达成价格协议，不得通过欺诈、强迫等手段强制消费者接受价格。

7. 价格投诉和争议解决机制

酒店经营者应当建立价格投诉和争议解决机制，及时处理消费者对价格的投诉和争议。价格投诉和争议解决应当公正、公开、透明，保护消费者合法权益。

酒店经营者应当遵守这些规则，保护消费者权益，维护市场秩序，促进酒店行业的健康发展。

知识点测试 13.1

任务二　酒店侵权责任及赔偿制度

酒店侵权责任是指酒店因为自己的过错或者疏忽而给他人造成了损害，需要承担相应的法律责任。酒店侵权责任及赔偿制度是酒店业发展中的一个重要问题，涉及到酒店的经营和管理，也关系到酒店的声誉和利益。

一、侵权责任的基本原则

1. 过错责任原则

酒店经营者在提供服务过程中，如存在过错行为导致消费者受损，应承担相应的侵权责任。

2. 举证责任原则

消费者主张酒店侵权责任时，应当提供相应的证据证明酒店存在过错行为和损害后果。

3. 损害赔偿原则

酒店经营者应当依法承担损害赔偿责任，包括财产损失、精神损害赔偿等。

二、酒店侵权责任的具体情形

1. 安全责任

酒店经营者应当采取必要的安全措施，确保客人的人身安全。如酒店存在安全隐患导致客人受伤，酒店应承担相应的侵权责任。

2. 服务责任

酒店经营者应当提供符合标准的服务，如存在服务质量不符合约定或存在服务瑕疵导致客人受损，酒店应承担相应的侵权责任。

3. 合同责任

酒店经营者与客人之间存在合同关系，如酒店未按照合同约定提供服务或存在违约行为导致客人受损，酒店应承担相应的侵权责任。

4. 不当竞争责任

酒店经营者在市场竞争中，如采取虚假宣传、价格欺诈等不当竞争行为导致客人受损，酒店应承担相应的侵权责任。

三、酒店赔偿的计算方法

1. 财产损失赔偿

酒店经营者应当根据客人的实际损失情况，如物品损坏、遗失等，进行相应的赔偿。

2. 精神损害赔偿

酒店经营者应当根据客人的精神痛苦程度、影响程度等因素，进行相应的精神损害赔偿。

3. 适当赔偿

酒店经营者应当根据具体情况，如过错程度、损失程度等，进行适当的赔偿。

四、酒店侵权责任及赔偿的争议解决机制

1. 协商解决

酒店经营者和消费者可以通过协商的方式解决侵权责任及赔偿争议，达成双方都能接受的解决方案。

2. 仲裁解决

酒店经营者和消费者可以选择仲裁机构进行仲裁，仲裁结果具有法律效力。

3. 诉讼解决

酒店经营者和消费者可以选择向法院提起诉讼，由法院根据法律规定进行判决。

酒店经营者应当遵守相关法律法规，保护消费者权益，避免侵权行为的发生，并及时履行赔偿义务。

知识点测试 13.2

任务三 违反治安、安全、反恐等有关规定的责任

一、治安责任

治安责任是指酒店经营者在经营过程中，应当遵守治安管理的相关法律法规，确保酒店的治安秩序良好，保障客人的人身和财产安全。

1. 安保措施

酒店经营者应当配备足够的安保人员，设立安保设施，采取必要的安保措施，如安装监控设备、安全门禁系统等，确保客人的人身和财产安全。

2. 防范措施

酒店经营者应当加强对客人身份的核实，对可疑人员进行排查，防范各类违法犯罪行为的发生。

3. 协助执法

酒店经营者应当积极配合公安机关的工作，如提供相关证据、协助调查等，确保治安工作的顺利进行。

二、安全责任

安全责任是指酒店经营者在经营过程中，应当采取必要的安全措施，确保客人在酒店内的人身安全。

1. 消防安全

酒店经营者应当按照消防法律法规的要求，配备消防设施，进行定期的消防检查和演练，确保客人在酒店内的消防安全。

2. 食品安全

酒店经营者应当按照食品安全法律法规的要求，保证食品的质量安全，防止食物中毒等意外事件的发生。

3. 设施安全

酒店经营者应当对酒店的设施进行定期的维护和检查，确保设施的安全性，防止因设施故障导致客人受伤。

三、反恐责任

反恐责任是指酒店经营者在经营过程中，应当积极参与反恐工作，加强对恐怖活动的防范，保障客人的人身和财产安全。

1. 安保培训

酒店经营者应当定期组织安保人员进行反恐培训，提高安保人员的反恐意识和应对能力。

2. 安全检查

酒店经营者应当加强对客人和行李的安全检查，防止携带危险物品进入酒店。

3. 信息报告

酒店经营者应当及时向公安机关报告可疑人员或可疑情况，积极配合公安机关进行反恐工作。

四、责任追究

如果酒店经营者违反治安、安全、反恐等有关规定，导致客人受到损害，相关部门可以对其进行责任追究。

1. 行政处罚

相关部门可以对违反治安、安全、反恐等有关规定的酒店经营者进行行政处罚，如罚款、吊销营业执照等。

2. 刑事责任

如果酒店经营者的违法行为构成犯罪，相关部门可以对其进行刑事追究，依法追究其刑事责任。

酒店经营者应当严格遵守治安、安全、反恐等有关规定，履行相应的责任，确保客人的人身和财产安全。相关部门应当加强对酒店的监管，及时发现和处理违法违规行为，维护社会治安秩序和公共安全。

知识点测试 13.3

任务四 酒店纠纷处理法律制度

随着旅游业的快速发展，酒店行业成为一个重要的服务行业。然而，由于各种原因，酒店纠纷也时有发生。酒店纠纷的处理对于维护消费者权益、促进行业健康发展具有重要意义。本任务将介绍酒店纠纷的协商与调解，旨在帮助酒店经营者和消费者解决纠纷，维护双方的合法权益。

一、酒店纠纷的协商与调解

（一）酒店纠纷的类型

酒店纠纷的类型多种多样，主要包括以下几种。

1. 服务质量纠纷

服务质量纠纷指消费者对酒店的服务质量不满意，如客房设施不符合要求、服务态度差等。

2. 价格纠纷

价格纠纷指消费者对酒店的价格不满意，如价格虚高、价格欺诈等。

3. 合同纠纷

合同纠纷指酒店与消费者之间的合同履行问题，如酒店未按照合同约定提供服

务等。

4. 人身损害纠纷

人身损害纠纷指消费者在酒店内发生人身损害，如被酒店设施伤害、被酒店员工侵犯人身权益等。

（二）酒店纠纷的协商与调解原则

协商与调解是解决酒店纠纷的重要手段，根据相关法律法规和实践经验，可以制定以下原则。

1. 自愿原则

协商与调解应当基于自愿的原则，双方自愿参与协商与调解，并自愿达成协议。

2. 公正公平原则

协商与调解应当公正公平，双方应当平等地发表意见，公正地评估证据，公平地解决纠纷。

3. 保密原则

协商与调解的过程应当保密，双方不得将协商与调解的内容透露给第三方。

4. 及时高效原则

协商与调解应当及时高效，双方应当积极参与，尽快解决纠纷，避免纠纷扩大化。

（三）酒店纠纷的协商与调解程序

酒店纠纷的协商与调解程序通常包括以下几个步骤。

1. 协商准备

双方准备好相关证据和材料，明确纠纷的事实和要求，为协商与调解做好准备。

2. 协商阶段

双方通过面谈、书面沟通等方式进行协商，表达各自的意见和要求，寻求共识。

3. 调解阶段

如果协商未能达成一致，双方可以请求第三方进行调解，如行业协会、消费者协会等。

4. 调解结果

调解结果应当以书面形式记录，双方签字确认，具有法律效力。

（四）酒店纠纷的协商与调解机构

酒店纠纷的协商与调解可以通过以下机构进行。

1. 行业协会

行业协会可以根据行业特点和实际情况，设立专门的纠纷协商与调解机构，为酒店纠纷提供专业化服务。

2. 消费者协会

消费者协会可以根据相关法律法规，设立纠纷调解中心，为消费者提供酒店纠纷的协商与调解服务。

3. 法律机构

如果纠纷涉及法律问题，双方可以通过法律机构进行协商与调解，如法院、仲裁机

构等。

(五)酒店纠纷的协商与调解的挑战与对策

酒店纠纷的协商与调解面临着一些挑战,如信息不对称、利益冲突等。为了有效解决这些问题,可以采取一些对策,如加强信息公开、加强法律援助等。

酒店纠纷的协商与调解是解决纠纷的重要手段,对于维护消费者权益、促进行业健康发展具有重要意义。酒店经营者和消费者应当积极参与协商与调解,共同解决纠纷,维护双方的合法权益。相关机构应当加强协商与调解工作,提供专业化、高效化的服务,为酒店纠纷的解决提供支持和保障。

二、酒店纠纷的仲裁

(一)仲裁的概念和特点

仲裁是指由独立的第三方仲裁机构或仲裁员根据双方协议或法律规定,对纠纷进行裁决的一种方式。与诉讼相比,仲裁具有以下几个特点。

1. 自愿性

仲裁是基于双方自愿参与的原则进行的,双方必须在合同中约定仲裁条款或者在纠纷发生后达成仲裁协议。

2. 独立性

仲裁机构和仲裁员必须独立于双方当事人,不受任何一方的干涉或控制。

3. 快捷高效

仲裁相对于诉讼来说,程序简化,审理时间短,能够更快地解决纠纷。

4. 保密性

仲裁的过程和结果通常是保密的,不会公开披露给第三方。

(二)酒店纠纷的仲裁程序

酒店纠纷的仲裁程序通常包括以下几个步骤。

1. 仲裁申请

当事人向仲裁机构提出仲裁申请,并提交相关证据和材料。

2. 仲裁受理

仲裁机构对申请进行审查,确认符合仲裁条件后,受理仲裁申请。

3. 仲裁庭组成

仲裁机构根据案件的性质和复杂程度,组成仲裁庭,由仲裁员组成。

4. 仲裁开庭

仲裁庭根据双方的申请和答辩,组织开庭审理,听取双方的陈述和证据。

5. 仲裁裁决

仲裁庭根据法律、合同和事实,做出裁决,并以书面形式通知双方。

6. 仲裁裁决执行

仲裁裁决具有法律效力,当事人应当履行裁决义务,如有不服,可以申请撤销或者

请求执行。

(三)酒店纠纷的仲裁机构

酒店纠纷的仲裁可以通过以下机构进行。

1. 仲裁委员会

国内外的仲裁委员会可以为酒店纠纷提供仲裁服务,如中国国际经济贸易仲裁委员会(简称"国际仲裁委")、中国国内外经济贸易仲裁委员会等。

2. 行业协会

行业协会可以根据行业特点和实际情况,设立专门的仲裁机构,为酒店纠纷提供专业化的仲裁服务。

3. 独立仲裁机构

一些独立的仲裁机构也可以为酒店纠纷提供仲裁服务,如中国仲裁协会、中国国际经济贸易仲裁委员会等。

(四)酒店纠纷仲裁的挑战与对策

酒店纠纷的仲裁面临着一些挑战,如仲裁费用高、执行困难等。为了有效解决这些问题,可以采取一些对策,如减免仲裁费用、加强仲裁裁决执行等。

酒店纠纷的仲裁是一种快捷、高效、便捷的纠纷解决方式,对于维护双方当事人的合法权益和促进行业健康发展具有重要意义。酒店经营者和消费者应当了解仲裁的相关规定和程序,积极参与仲裁过程,维护自身权益。相关机构应当加强仲裁工作,提供专业化、高效化的服务,为酒店纠纷的解决提供支持和保障。

三、酒店纠纷的诉讼

酒店纠纷的诉讼是指当酒店经营者和消费者之间发生纠纷时,通过法院诉讼程序解决纠纷的过程。下面将从酒店纠纷的诉讼程序、常见的酒店纠纷案例、酒店纠纷诉讼的挑战与对策等方面进行详细阐述。

(一)酒店纠纷的诉讼程序

酒店纠纷的诉讼程序通常包括以下几个步骤。

1. 起诉阶段

当事人向法院提起诉讼,提交起诉状和相关证据。

2. 立案阶段

法院对起诉状进行审查,确认符合立案条件后,立案受理,并通知被告。

3. 应诉阶段

被告在规定的时间内提交答辩状,并提供相关证据和辩护意见。

4. 审理阶段

法院组织开庭审理,听取双方的陈述和证据,进行辩论,法院还可以进行调解。

5. 判决阶段

法院根据法律、合同和事实,做出判决,并以书面形式通知当事人。

6. 执行阶段

判决生效后，当事人应当履行判决义务，如有不服可以申请上诉。

(二)常见的酒店纠纷案例

(1)房间质量问题：消费者入住酒店后发现房间存在问题，如卫生不达标、设施损坏等。

(2)服务质量问题：消费者对酒店的服务不满意，如态度恶劣、服务不周到等。

(3)价格争议：消费者对酒店的价格表示异议，认为价格不合理或存在欺诈行为。

(4)预订取消问题：消费者预订的房间被酒店取消，消费者要求退还预订费用。

(5)合同解除问题：酒店经营者或消费者要求解除合同，双方产生纠纷。

(三)酒店纠纷诉讼的挑战与对策

酒店纠纷诉讼面临着一些挑战，如诉讼费用高、审理周期长等。为了有效解决这些问题，可以采取以下对策。

1. 调解和和解

在诉讼过程中，可以尝试调解和和解，通过协商解决纠纷，减少诉讼成本和时间。

2. 加强证据收集

当事人应当及时收集和保全相关证据，以便在诉讼中能够提供充分的证据支持自己的主张。

3. 提前了解法律规定

当事人应当提前了解相关法律法规和相关判例，以便在诉讼中能够合理运用法律规定。

4. 寻求专业法律援助

当事人可以寻求专业的法律援助，如律师等，帮助自己厘清纠纷事实，提供法律意见和辩护。

酒店纠纷的诉讼是一种常见的纠纷解决方式，对于维护当事人的合法权益和促进行业健康发展具有重要意义。当事人应当了解诉讼的相关规定和程序，积极参与诉讼过程，维护自身权益。法院应当加强对酒店纠纷的审理工作，提供公正、高效的司法服务，为纠纷解决提供支持和保障。同时，酒店经营者和消费者也应当加强沟通和合作，尽量通过协商解决纠纷，减少诉讼的发生。

知识点测试 13.4

项目小结

该项目介绍了酒店相关财税法律制度如《价格法》、经营者价格行为、政府价格行为、酒店行业价格行为规则的主要内容，阐述了酒店侵权责任及赔偿制度，并进一步明确了违反治安、安全、反恐等有关规定的责任，最后介绍了酒店纠纷处理的协商与调解、仲裁、诉讼相关的法律制度。

参 考 文 献

[1] 袁义.旅游法规与法律实务[M].南京:东南大学出版社,2017.

[2] 徐松华.酒店法规与法律实务[M].武汉:华中科技大学出版社,2018.

[3] 袁义.酒店法规与法律实务(第2版)[M].南京:东南大学出版社,2019.

[4] 翟润,郭慧敏.论新劳动立法背景下劳务派遣[J].西北工业大学学报(社会科学版),2011(4).

[5] 王迎娣.浅议《劳动合同法》的立法背景[J].广西教育学院学报,2008(6).

[6] 吴洛夫.旅游法规[M].北京:高等教育出版社.2009.

[7] 张元奎.旅游饭店法规实务[M].北京:旅游教育出版社,2015.

[8] 汤卫松.酒店法律与法规[M].杭州:浙江大学出版社,2010.

[9] 钱丽玲.酒店经济法律理论与实务[M].北京:北京大学出版社,2012.

[10] 许冬梅.试论饭店与消费者之间的法律关系[J].法治与社会,2014(8).

[11] 仲春,杜东亚.关于建立我国饭店法律制度立法设想[J].河北法学,2005(1).

[12] 仲春.论建立我国饭店法律制度[J].河北法学,2004(12).

教学支持说明

为了改善教学效果，提高教材的使用效率，满足高校授课教师的教学需求，本套教材备有与纸质教材配套的教学课件（PPT 电子教案）和拓展资源（案例库、习题库、视频等）。

为保证本教学课件及相关教学资料仅为教材使用者所得，我们将向使用本套教材的高校授课教师免费赠送教学课件或者相关教学资料，烦请授课教师通过邮件或加入酒店专家俱乐部 QQ 群等方式与我们联系，获取"电子资源申请表"文档并认真准确填写后发给我们，我们的联系方式如下：

E-mail：lyzjjlb@163.com

酒店专家俱乐部 QQ 群号：710568959

酒店专家俱乐部 QQ 群二维码：

群名称：酒店专家俱乐部

群　号：710568959

电子资源申请表

填表时间：________年____月____日

1. 以下内容请教师按实际情况写，★为必填项。
2. 相关内容可以酌情调整提交。

★姓名		★性别	□男 □女	出生年月		★ 职务	
						★ 职称	□教授 □副教授 □讲师 □助教

★学校		★院/系	
★教研室		★专业	

★办公电话		家庭电话		★移动电话	

★E-mail（请填写清晰）		★QQ 号/微信号	
★联系地址		★邮编	

★现在主授课程情况		学生人数	教材所属出版社	教材满意度
课程一				□满意 □一般 □不满意
课程二				□满意 □一般 □不满意
课程三				□满意 □一般 □不满意
其　他				□满意 □一般 □不满意

教材出版信息		
方向一		□准备写 □写作中 □已成稿 □已出版待修订 □有讲义
方向二		□准备写 □写作中 □已成稿 □已出版待修订 □有讲义
方向三		□准备写 □写作中 □已成稿 □已出版待修订 □有讲义

请教师认真填写表格下列内容，提供索取课件配套教材的相关信息，我社根据每位教师/学生填表信息的完整性、授课情况与索取课件的相关性，以及教材使用的情况赠送教材的配套课件及相关教学资源。

ISBN（书号）	书名	作者	索取课件简要说明	学生人数（如选作教材）
			□教学 □参考	
			□教学 □参考	

★您对与课件配套的纸质教材的意见和建议，希望提供哪些配套教学资源：